Sozialwissenschaftliche Forschungen

Herausgegeben von der

Sozialwissenschaftlichen Arbeitsgemeinschaft

Abteilung IV — Heft 7

Berlin und Leipzig 1929

Walter de Gruyter & Co.

vormals G. J. Göschen'sche Verlagshandlung — J. Guttentag, Verlagsbuchhandlung
Georg Reimer — Karl J. Trübner — Veit & Comp.

Französische Währungs- und Zollpolitik im Saargebiet

Von

Dr. rer. pol. Gerhard Wiegand
Diplomvolkswirt

Berlin und Leipzig 1929

Walter de Gruyter & Co.

vormals G. J. Göschen'sche Verlagshandlung — J. Guttentag, Verlagsbuchhandlung
Georg Reimer — Karl J. Trübner — Veit & Comp.

Angenommen auf Antrag von Professor Dr. E. von Beckerath durch den Abteilungsvorsteher Professor Dr. Eckert

Druck von Walter de Gruyter & Co., Berlin W 10

Völker und Provinzen dürfen nicht von einer Staatshoheit in die andere herumgeschoben werden, als ob es sich um Figuren oder Steine in einem Spiel handle, auch wenn dieses Spiel das große, aber jetzt für immer diskreditierte Spiel des Gleichgewichts der Kräfte ist.

Wilson am 11. Februar 1918 vor dem Kongreß.

Die Regierungskommission wird keine andere Aufgabe und kein anderes Interesse haben außer der Sorge für das Wohl der Bewohner des Saarbeckens.

Aus den Richtlinien des Völkerbundsrates für die Regierungskommission des Saargebietes, beschlossen am 19. Februar 1920.

Inhaltsangabe.

2. Kapitel: Die Frankenentwertung.

3. Kapitel: Die zollpolitischen Schicksale des Saarlandes.

C. Schluß.

Anhang.

Literaturverzeichnis.

Allot, A., Le Bassin de la Sarre. Berger-Levrault, Paris 1924.

(Amtliches Weißbuch), Das Saargebiet unter der Herrschaft des Waffenstillstandsabkommens und des Vertrages von Versailles. Georg Stilke, Berlin 1921.

Andres, O., Grundzüge des Rechts im Saargebiet. Ferdinand Dümmler, Berlin 1926.

Bisschop, W. R., The Saar Controversy, Sweet & Maxwell Ltd. London 1924.

Christmann, H., Die französische Währungspolitik im Saargebiet und in Rheinland-Westfalen. Dissertation Heidelberg 1924. Ungedruckt, Universitätsbibliothek Heidelberg.

Donald, Sir R., A Danger Spot in Europe and its Governement by the League of Nations. Leonard Parsons, London 1925.

Fischer, E. W. (Stuttgart), Die Verhandlungen über die Saarfrage auf der Pariser Friedenskonferenz. Georg Stilke, Berlin 1924.

Der Friedensvertrag von Versailles. Reimar Hobbing, Berlin 1925.

Greer, G., The Ruhr-Lorraine Industrial Problem. Allen & Unwin Ltd., London (1925).

Herly, R., L'Introduction du Franc dans la Sarre. Une Expérience Monétaire. Berger-Levrault, Pàris 1926.

Ders., Les conditions de la Métallurgie sarroise depuis 1815. Berger-Levrault, Paris 1926.

Lehmann, W., Abriß der Wirtschaftsgeschichte des Saargebiets, 1. Teil. Gebr. Hofer A.-G., Saarbrücken 1925.

Lüpke, Ad., Die Währungsumstellung in den Wirtschaftsbetrieben des Saargebiets. Oskar Müller, Köln (1924).

Lütke, Alb., Die Währungsverordnung. Saarbrücken 1923.

Mervaud, A., Le Territoire de la Sarre. Paris 1924.

Metzger, O., Der Kampf um den saarländischen Markt von 1918 bis zum 10. Januar 1925. Dissertation Gießen 1926.

Osborne, S., The Saar-Question. Allen & Unwin, London 1923.

Priou, J., Le Territoire de la Sarre, 2e Édition. Nancy 1923.

Ruppersberg, Alb., Aus der geschichtlichen Vergangenheit des Saarlandes. In: Rheinische Monatblätter 1924, Nr. 5.: Rhein. Verlagsgesellschaft m. b. H. Koblenz.

Savelkouls, H., Der Franc im Saargebiet. Zweite erweiterte Auflage. Cotta, Stuttgart 1922.

Die mißbräuchliche Ausbeutung des Saargebiets durch Frankreich. Denkschrift der Zentrums-, Sozialdemokratischen und Deutsch-Saarländischen Fraktion des Landesrats vom 9. August 1924.

Die unhaltbare zollpolitische Lage des Saargebiets. Denkschrift der Zentrums- und Deutsch-Saarländischen Fraktion vom 16. Februar 1925.

Die beabsichtigte Währungsverschlechterung im Saargebiet. Denkschrift der Zentrums- und Deutsch-Saarländischen Fraktion vom 20. Februar 1925.

Der Saar-Pfalz-Kanal, Denkschrift über die Verkehrswünsche des Saargebiets. Februar 1927.

Der Saarhandel, Nachrichtendienst des Schutzvereins für Handel und Gewerbe im Saargebiet. E. V. Saarbrücken.

Saar-Wirtschaftszeitung. Amtliche Wochenschrift der Handelskammer Saarbrücken und des Vereins zur Wahrung der gemeinsamen wirtschaftlichen Interessen im Saargebiet. Gebr. Hofer A.-G., Völklingen.

Vorwort.

Die vorliegende Arbeit ist aus einer Studie über die Währungsfrage im Saargebiet entstanden. Schon gelegentlich dieser Arbeit zeigte es sich, daß eine alleinige Darstellung der saarländischen Währungsverhältnisse und ihrer Wirkungen auf die Saarwirtschaft unmöglich ist. Außer durch die Währungsverhältnisse ist die Wirtschaft des Saargebiets ständig und gleichzeitig durch die Zollpolitik beeinflußt worden. Beide Einflüsse lassen sich nicht voneinander trennen. Die Periode der Frankeneinführung ist grundlegend bestimmt durch die deutsche Einfuhr zu Inlandpreisen und deren späteres Aufhören, und die Erhaltung der Saarwirtschaft während der Zollabsperrung ist nicht zu verstehen ohne Berücksichtigung der Frankeninflation. Vollends bleiben die wirtschaftlichen Zukunftssorgen des Saargebietes ohne Berücksichtigung beider Einflüsse unverständlich. Mögen diese Erwägungen die, wie es scheint, unorganische Verbindung so verschiedener Elemente rechtfertigen, wie Währung und Zoll es sind.

Besondere Anregungen empfing ich innerhalb der benutzten Literatur durch die leider ungedruckte Dissertation von Christmann und durch das Buch Herlys über die Frankeneinführung. Herly vertritt mit Entschiedenheit den französischen Standpunkt. Beide Bücher schließen mit dem Beginn des Jahres 1924 ab. Der weiterhin zu dieser Arbeit benutzte Tatsachenstoff entstammt teilweise der Sammlung von Tagesnachrichten des Hamburger Wirtschaftsarchivs, ferner, als Fundstelle reichsten Materials, der Saarwirtschaftszeitung, dem Blatte der Saarbrücker Handelskammer, endlich persönlichen Auskünften, die mir überall mit größter Bereitwilligkeit erteilt wurden. Allen beteiligten Herren bin ich für die vielseitige Förderung, die sie dieser Arbeit zuteil werden ließen, zu großem Dank verpflichtet.

Das Zahlenmaterial der Arbeit hat infolge der geringen Entwicklung der Statistik im Saargebiet nicht den Umfang, der erwünscht gewesen wäre. Mehrfach müssen Indexzahlen für Saarbrücken solche für das gesamte Saargebiet ersetzen. Doch ist deren größere Höhe nicht beträchtlich. Über den französisch-saarländischen Warenverkehr bestehen seit dem Jahre 1925 keine Veröffentlichungen mehr.

Die ursprüngliche Absicht, die Schilderung der äußeren Ereignisse von der der wirtschaftlichen Wirkungen zu trennen, mußte fallen gelassen werden. Angesichts des ständigen Wechsels der Einflüsse und der Folgen hätte die Darstellung an Klarheit nicht gewonnen. Das Ziel der Untersuchung bestand darin, die Auswirkungen des Versailler Vertrages an einem Einzelfalle zu untersuchen. Das Ergebnis zeigt den gescheiterten Versuch, eine imperialistische Wirtschaftsutopie zu verwirklichen, und läßt die diabolische Mischung von Zynismus und Verblendung erkennen, durch welche die weltordnenden Weisheiten von 1919 gekennzeichnet sind.

Am Ende meiner akademischen Ausbildung ist es mir ein Bedürfnis, allen meinen Lehrern für die Anregungen zu danken, die ich von ihnen empfangen durfte, insbesondere aber Herrn Geh. Reg.-Rat Professor Dr. Eckert als dem Referenten dieser Arbeit, Herrn Professor Dr. Kuske und Herrn Professor Dr. Mann in Köln a. Rh. sowie Herrn Professor Dr. H. Hoeniger in Freiburg i. B.

Köln, den 9. November 1927.

A. Einführung.

Das Saargebiet und der Vertrag von Versailles.

a) Das Saargebiet auf der Pariser Friedenskonferenz.

Der Anspruch Frankreichs auf das Saarbecken fand zum ersten Male amtlichen Ausdruck in dem russisch-französischen Geheimabkommen vom 4. März 1917, in dem Frankreich die Grenzen von 1814 zugestanden wurden[1]. Auf der Pariser Friedenskonferenz unterbreitete Tardieu Anfang Februar 1919 dem Rat der „Großen Vier" eine das Saargebiet betreffende französische Denkschrift mit dem Titel „Restitution und Reparation". Ihr erster Satz lautet: „Die Gegend, um die es sich handelt, war lange Jahrhunderte hindurch mit Frankreich vereinigt und ist von ihm nur durch Gewalt getrennt worden[2]". Im folgenden wird die Wiederherstellung der Grenze von 1814 — Restitution — und die Annexion der darüber hinausliegenden Kohlengruben — Reparation — gefordert. Das Schriftstück schließt zusammenfassend mit den Worten: „Das Land hat die Erinnerung an die Vergangenheit bewahrt und bleibt im Herzen französisch", und dann mit dem etwas zaghaften Nachsatz „— wenigstens zum Teil".

Lloyd George trat für Übereignung der Saargruben an Frankreich ein, sprach aber gegen die Grenze von 1814, für eine autonome Organisation des Saarbeckens. Wilson war völliger Gegner der französischen Ansprüche. Nur für die Wiedergutmachung des Unrechtes von 1871 habe man die Waffen ergriffen. Lediglich die Nutzung der Saargruben wollte er Frankreich für einige Jahre überlassen. Dagegen wandte sich Clémenceau am 28. März mit den berühmt gewordenen Worten zu Wilson: „Es gibt dort (im Saargebiet) 150 000 Menschen, die Franzosen sind[3]. Auch diese Leute, die im Jahre

---

[1] Abgedruckt bei Osborne, Saar-Question, S. 373 ff.

[2] Das Gebiet der Grafen von Nassau-Saarbrücken bildete bis zum Jahre 1681 ununterbrochen einen Teil des alten Deutschen Reiches. 1679 wurde es auf Grund von Reunionsansprüchen von Frankreich besetzt und nach 18 Jahren im Frieden von Ryswyk wieder zurückgegeben. Das von Ludwig XIV. gegründete Saarlouis blieb französisch. 1793 fiel das Land in die Hand der französischen Revolutionsarmee und wurde 1815 nach 22 Jahren im zweiten Pariser Frieden entsprechend dem ausdrücklichen Wunsche der Bevölkerung mit Preußen vereinigt. Ein kleinerer Teil fiel an Bayern.

[3] Nach der Volkszählung von 1910 hatten von 651 984 Bewohnern nur 339 Französisch als Muttersprache.

1918 Adressen an den Präsidenten Poincaré gerichtet haben, haben Anspruch auf Gerechtigkeit. Sie wollen die Rechte der Deutschen achten — ich auch. Aber berücksichtigen Sie das Recht der Franzosen, wie Sie das geschichtliche Recht Böhmens und Polens zu berücksichtigen haben werden.“ Man hat bisher die Geschichte von den 150 000 Saarfranzosen für eine Lüge ohne jeglichen Hintergrund gehalten. Im Jahre 1925 behauptete jedoch die Straßburger „Zukunft“, das Blatt der elsaß-lothringischen Autonomisten, diese Unterschriften seien im Jahre 1918 in den Kreisen Saargemünd, Saarburg und dem Kanton Saarunion, also in Lothringen, von Bürgermeistern und Polizeidienern für einen ihnen unbekannten Zweck gesammelt worden. Die Anfang 1926 eingegangene, von den Franzosen unterstützte Saarbrücker Tageszeitung „Der Neue Saar-Kurier“ hat dieser Behauptung widersprochen.

Am Tage darauf, am 29. März, gaben die Franzosen die Forderung auf Einverleibung auf und forderten das Eigentum an den Gruben, politische Sonderherrschaft und Befreiung der Saarfranzosen. Wilson beharrte auf seiner Ablehnung. Am 7. April befahl er den Dampfer George Washington telegraphisch nach Europa. Diese Abreisedrohung, gleichbedeutend mit der Sprengung und dem Zusammenbruch der Friedenskonferenz, rief in Paris ungeheure Aufregung und Bestürzung hervor. Da, am 8. April — psychologisch wird es wohl immer ein Rätsel bleiben — stimmte Wilson, von seinen Sachverständigen im Stich gelassen, der Übertragung der Gruben an Frankreich auf 15 Jahre zu, und am 9. April gab er auch den übrigen Forderungen nach. An die Stelle einer Selbstverwaltung trat Verwaltung durch den Völkerbundsrat. In einer Sitzung vom 9. April um 5 Uhr nachmittags bis zum 10. April um 3 Uhr morgens wurde von einer Kommission der Wortlaut des Saarstatuts formuliert. Aus dieser seiner Entstehungsgeschichte mag es sich erklären, daß es gerade überall dort schweigt, wo eine Entscheidung von ihm erwartet wird.

Den Gegenvorstellungen der Deutschen Delegation in Versailles wegen der Bestimmungen über das Saargebiet antworteten die alliierten und assoziierten Mächte am 16. Juni 1919: „... Die alliierten und assoziierten Mächte haben aber auch die größte Sorgfalt darauf verwendet, den Bewohnern des Saargebietes selbst jeden materiellen oder moralischen Schaden zu ersparen. Ihre Interessen sind in jeder Hinsicht sorgfältig beachtet worden, und ihre Rechtslage wird verbessert werden. ... Die alliierten und assoziierten Regierungen haben volles Vertrauen, daß die Einwohner des Gebietes keinen Grund haben werden, die neue Verwaltung als ihnen fernerstehend zu betrachten, als es die von Berlin und München war.“

b) Der Inhalt des Saarstatuts.

Der Versailler Vertrag beschäftigt sich mit dem Saargebiet in den Artikeln 45 bis 50 und in einer 33 Paragraphen umfassenden

Anlage, dem Saarstatut. Er bestimmt im wesentlichen folgendes: „Als Ersatz für die Zerstörung der Kohlengruben in Nordfrankreich ... tritt Deutschland an Frankreich das vollständige und unbeschränkte Eigentum an den Kohlengruben im Saarbecken ab." Die Gruben, staatliche wie private, gehen frei von Lasten und Schulden an Frankreich über. Die Rechte der Arbeiter, die sich aus bis zum 11. November 1918 erlassenen Gesetzen ableiten, bleiben bestehen. Bisher gezahlte Alters- und Invalidenrenten zahlt das Reich weiter. Über Preisfestsetzung und Verteilung der Kohle zu bestimmen hat der französische Staat völlige Freiheit. Doch ist die französische Regierung verpflichtet, „den örtlichen Bedarf der Industrie und der Einwohner immer in dem Verhältnis zu befriedigen, das im Laufe des Geschäftsjahres 1913 zwischen dem örtlichen Verbrauch und der Gesamtförderung des Saarbeckens bestand" (§ 15). Die Saarkohlengruben sind steuerpflichtig „im Verhältnis ihres Wertes zu dem gesamten steuerpflichtigen Vermögen des Saarbeckens" (§ 13). § 32 bestimmt: „Der Umlauf französischen Geldes im Saarbeckengebiet darf in keiner Weise verboten oder eingeschränkt werden. Der französische Staat hat das Recht, für alle seine Käufe oder Zahlungen und in allen seinen Verträgen bezüglich der Ausbeutung der Gruben oder ihrer Nebenanlagen sich französischen Geldes zu bedienen."

Damit die Staatsverwaltung die Ausbeutung der Gruben durch Frankreich nicht hindern oder hemmen kann, wird eine besondere Regierungskommission eingerichtet, die vom Völkerbundsrat ernannt wird und von deren fünf Mitgliedern einer Franzose und einer Saarländer sein muß, keiner aber Deutscher sein darf. Die Regierungskommission hat „alle Regierungsgewalt, die früher dem Deutschen Reich, Preußen und Bayern zustand" (§ 19). „Die Gesetze und Verordnungen, die im Saarbeckengebiet am 11. November 1918 in Kraft waren, mit Ausnahme der für den Kriegszustand getroffenen Bestimmungen, bleiben in Kraft." Sie können jedoch „nach Anhörung der gewählten Vertreter der Einwohner ... aus Gründen der allgemeinen Ordnung" geändert werden (§ 23). Das Saargebiet bleibt staatsrechtlich ein Teil des Deutschen Reiches, doch ruht die Ausübung seiner Souveränitätsrechte. „Der Ertrag aus den Zöllen auf die für den örtlichen Gebrauch bestimmten Waren wird nach Abzug aller Erhebungskosten dem Haushalt des genannten Gebietes zugewiesen" (§ 31).

Das Saargebiet wird dem französischen Zollgebiete angeschlossen. Auf Erzeugnisse der Hütten und auf Kohlen darf ein Zoll für die Ausfuhr nach Deutschland nicht gelegt werden, ebensowenig auf die für diese Industrien bestimmte deutsche Ausfuhr. Deutsche wie saarländische Erzeugnisse sind im Saargebiet bzw. in Deutschland von jedem Durchfuhrzoll befreit. Um die Umstellung zu erleichtern,

„genießen während eines Zeitraumes von fünf Jahren nach Inkrafttreten des ... Vertrages die im Saarbeckengebiet hergestellten und daher kommenden Erzeugnisse Einfuhrfreiheit in Deutschland. Während derselben Zeit ist die deutsche Einfuhr nach dem Saarbeckengebiet für Erzeugnisse, die zum örtlichen Gebrauch bestimmt sind, von Zollabgaben befreit. Im Laufe dieser fünf Jahre behält sich die französische Regierung vor, für jeden Gegenstand, der aus dem Saarbeckengebiet kommt und in dem sich Rohstoffe und Halbfabrikate befinden, die zollfrei aus Deutschland gekommen sind, die in Frankreich zugelassenen Mengen zu beschränken und zwar auf der Grundlage der jährlichen Durchschnittsmengen, die im Laufe der Jahre 1911—1913 nach Elsaß-Lothringen und Frankreich eingeführt worden sind. Dieser Durchschnitt soll mit Hilfe aller amtlichen Angaben und statistischen Unterlagen festgestellt werden."

Nach 15 Jahren soll eine Volksabstimmung darüber stattfinden, ob die Bevölkerung in der bestehenden Art weiterregiert werden will oder ob sie mit Frankreich oder mit Deutschland vereinigt zu werden wünscht. Fällt das Saargebiet an Deutschland, so muß dieses die Gruben in Gold zurückkaufen. Die ursprüngliche Bestimmung: „Wenn der ... Preis in den 6 Monaten, die auf die Entscheidung der Sachverständigen folgen, von Deutschland nicht bezahlt worden ist, so fällt das Gebiet endgültig an Frankreich", ist später fortgefallen. Immerhin hielt man auch sie mit dem Geiste der 14 Punkte für vereinbar.

c) Die Wirtschaft des Saargebietes.

Das Saargebiet besteht aus einem größeren preußischen (1465 qkm) und einem kleineren bayerischen (415 qkm) Teile und umfaßte 1927 etwa 780 000 Einwohner. Sein weitaus wichtigster Wirtschaftszweig sind die Kohlengruben, die gegenwärtig rund 75 000 Arbeiter beschäftigen. Die Jahresförderung von 1913 betrug rund 13,2 Millionen Tonnen. Die in den Saargruben gewonnene Kohle ist gekennzeichnet durch ihren hohen Gehalt an flüchtigen Bestandteilen, der sie zu einer ausgezeichneten Gas- und Industriekesselkohle macht. Für die Verhüttung ist sie dagegen weniger verwendbar, da der Saarkoks wegen seiner geringen Festigkeit hierzu nur mit einem Zusatz von mindestens 20% Ruhrkoks zu gebrauchen ist. Als Industriekohle hat die Saarkohle weite Verbreitung. Da der Saarkoks wegen seiner Weichheit auch zum Transport wenig geeignet ist, so hat Saarkokskohle nur etwa 62% des Wertes der gleichen Quantität Ruhrkohle. Aus diesem Grunde sind auch die Löhne der Saarbergleute stets niedriger gewesen als die ihrer Kollegen an der Ruhr [1]).

Infolge der klugen Verwaltung durch die preußische Bergwerksdirektion, die die Kohlenförderung nur im Verhältnis zum Wachsen

[1]) Trotzdem glaubte man in Frankreich, den Bedarf der lothringischen Hüttenindustrie an Ruhrkoks durch Koks aus dem Saargebiet ersetzen zu können. Man behauptete, das deutsche Kaiserreich habe aus strategischen Gründen systematisch die Entstehung einer Metallindustrie an der Südwest-

der Bevölkerung ansteigen ließ, sind die Bergleute des Saargebiets standesbewußte, alteingesessene Leute und großenteils Besitzer eigener Häuser und eines kleinen landwirtschaftlichen Betriebes. Das gleiche gilt für die Mehrzahl der Arbeiter der anderen Industriezweige. Die einfachen Zweifamilienhäuser der ausgedehnten Arbeiterdörfer geben der saarländischen Landschaft geradezu das Gepräge.

Der wichtigste Industriezweig nächst dem Steinkohlenbergbau sind die Eisenhütten. Die 29 Hochöfen des Saargebiets erzeugten im Jahre 1913 1 370 980 to Roheisen. Das verarbeitete Erz ist lothringische Minette. Die Hüttenindustrie, der sich noch eine Reihe von Betrieben der weiterverarbeitenden Eisenindustrie anschließt beschäftigte 1926 rund 36 000 Arbeiter, die weiterverarbeitende Industrie rund 11 000.

Als letzter Hauptzweig der saarländischen Industrie ist die Glasindustrie und die keramische Industrie zu nennen. Die Fensterglasindustrie erreichte vor dem Kriege mit 5 000 000 qm 20 bis 25% der deutschen Gesamterzeugung. Dazu kam noch eine jährliche Flaschenproduktion von 30 Millionen Stück. Die Erzeugung der keramischen Industrie mit über 66 Millionen kg im Jahre 1913 reicht hin, um den Gesamtbedarf Frankreichs zu decken. Glas- und Keramindustrie beschäftigten im Jahre 1925 rund 8000 Arbeiter.

Außer den genannten Gewerbezweigen sind noch Ziegeleien, Zementfabriken und chemische Fabriken zu erwähnen, ferner Holzverarbeitungs- und Papierindustrie, Lebensmittelindustrie, Brauereien und Müllereien.

Dieses umfangreiche Industriesystem hat eine entsprechende Entwicklung des Handels und des Bankwesens nach sich gezogen.

Die Landwirtschaft, die intensiv betrieben wird, spielt in der Wirtschaft des Saargebiets bei der dichten Besiedelung des Landes nur eine geringe Rolle. Der Lebensmittelbezug erfolgt in erheblichem Umfang aus Frankreich.

B. Währung und Zoll im Saargebiet.

1. Kapitel: Die Einführung der Frankenwährung.

1) Die Saarwährungspropaganda.

a) Gedankengänge der Saarwährungspropaganda.

Nach Besetzung Elsaß-Lothringens tauschte Frankreich dort alle Vermögen in Reichsmark zum Parikurse in Franken um. Diese außerordentlich teure Morgengabe zum Tage der Befreiung mochte die erste Veranlassung gewesen sein, welche die recht novemberlich-

grenze verhindert. Zu diesem Zwecke habe die Preußische Regierung die Idee, Saarkohle sei zum Hüttenprozeß ungeeignet, künstlich geschaffen.

Siehe Engerand, Le Fer sur une frontière. Paris 1919. Part II. Chap. V. Laufenburger, L'Industrie sidérurgique de la Lorraine désannexée et la France, S. 53, S. 104.

unklaren Vorstellungen über den Saarfranken ans Tageslicht gelockt hat. Man hoffte im Saargebiet ebenfalls durch ein wirtschaftlich nicht so recht deutliches „Irgendwie" von der sinkenden Mark fort mit Gewinn in eine Art von Edelvaluta flüchten zu können, unter Ausnutzung der eigennützigen Bestrebungen Frankreichs, etwa nach dem Satze, den man 1848 den Ungarn nachgesagt hat: „Sie verkaufen ihr Vaterland, aber sie liefern es nicht." Das stetige Weitersinken der Mark führte zu einer Verstärkung dieser Ideen. Da das inländische Preisniveau hinter dem Goldwerte der Mark zurückblieb, hinter dem Preisniveau wiederum die inländische Kaufkraft, so entstand für den Saarländer eine unerträgliche Teuerung, für den benachbarten Lothringer und für alle Arten der sich schnellstens ansammelnden Schieber ein günstiges Ausverkaufsangebot. Auch von französischer Seite wurden die Sonderwährungsbestrebungen ermutigt. Mitte Mai 1919 erklärte der Rittmeister Graf v. Nadaillac, Verpflegungsdirektor bei der Obersten Saarverwaltung: „Für das Saargebiet ist eine Valutabesserung besonders notwendig. Es ist deshalb beabsichtigt, für das Saargebiet nach Friedensschluß eine besondere Münze, etwa eine Saarmark oder einen Saargulden, einzuführen." Im Oktober 1919 führten die Ausverkaufszustände im Saargebiet zu Unruhen und Plünderungen. Die Arbeiter, die in den Generalstreik getreten waren, forderten Hebung des Markkurses im Saarland. Graf Nadaillac antwortete, die Valutafragen seien im Saargebiet allein nicht zu lösen; an die Einführung des Saarfranken könne erst die Saarregierung denken. Am 30. Januar 1920 wurde der Verkauf im Einzelhandel an Nichtsaarländer verboten. Im großen konnte man auch weiterhin die Warenlager waggonweise nach Lothringen absetzen.

Literarisch ist die Propaganda für den Saarfranken von der Saarbrücker Zeitung geführt worden. Welche Kreise hinter ihr standen, ist unklar. Die politischen Parteien, auch die Demokraten, deren Organ die Saarbrücker Zeitung damals war, hielten sich fern, ebenso die Schwerindustrie.

Die geäußerten Gedankengänge sind wirtschaftlich denkbar unklar. „Man schaffe einen Saarfranc und setze seinen Wert auf 80 Pfennige fest; jeder Pfennig weniger würde eine Beeinträchtigung des Vermögens dieses Landes und seiner Bewohner bedeuten, was nicht gerechtfertigt wäre." Natürlich muß der Saarfranken den Kurs des französischen Franken erreichen. Ja bald wird er mit dem Schweizer Franken gleich im Werte stehen. Welch rosiger Schiebertraum, die Papiermarkgewinne über Nacht in Gold umgewechselt zu sehen! Eine Saarbank mit 150 Millionen französischem Franken-Kapital müsse geschaffen werden, und so fort.

b) Kritik an der geplanten Saarwährung.

Am 6. und 7. Februar 1920 erschien in der Saarbrücker Zeitung ein Aufsatz des Reichsbankvizepräsidenten von Glasenapp, der sich mit der Saarfrankenpropaganda auseinandersetzte. Ob die Kursbewegung das zu schaffende Saargeld über die deutsche Mark hinausführen werde, sei sehr zweifelhaft, da die Kohlengruben, der natürliche Reichtum des Saarlandes, Frankreich gehörten. Jeder Streik und jede Schwankung der Konjunktur müßten in dem kleinen Saargebiet den Kursstand des Geldes auf das stärkste beeinflussen. Man müsse mit dauernden starken Schwankungen rechnen, vielleicht mit Sinken gegenüber der Mark. Auch der internationale Markt würde dem Saargeld verschlossen sein. Endlich würde auch rein technisch die Schaffung einer selbständigen Notenbank mit dem erforderlichen Kredit mit Schwierigkeiten verbunden sein, da sich die Reichsbank zur Unterstützung natürlich nicht bereitfinden lassen werde.

Die Begründung v. Glasenapps scheint nicht zwingend. Die Handelsbilanz des Saargebiets bleibt auch nach Abrechnung des Kohlenexports aktiv, und das Beispiel der Freien Stadt Danzig zeigt, daß eine Sonderwährung auch auf einem engen Gebiete trotz Schwankungen der Konjunktur zu bestehen vermag. Die Voraussetzung bildet ein ausreichender Währungskredit, den im Falle des Saargebiets die Bank von Frankreich zu stellen gehabt hätte und der — entsprechend der Bindung des Danziger Guldens an die englische Währung — die feste Bindung der Saarwährung an den französischen Franken bedeutet hätte.

Den französischen Wünschen hätte eine selbständige Saarwährung weitgehend gedient. Bedeutete sie doch Schwächung der deutschen Wirtschaft durch das Ausscheiden der saarländischen Produktivkraft, Schutz der eigenen Wirtschaft vor dem Valutadumping des Saargebiets und Öffnung desselben für französischen Export sowie die Hoffnung auf Beeinflussung der Bevölkerung durch die geschaffenen Tatsachen [1]). Wenn die französische Politik schließlich die Einführung der eigenen Frankenwährung vorgezogen hat, so wohl deshalb, weil dieses Vorgehen mit nicht viel größeren Opfern noch größeren Nutzen zu versprechen schien.

Mit dem Aufsatze v. Glasenapps ist der Saarwährungsspuk plötzlich wie auf den Glockenschlag Eins im Märchen beendet. Hinter die Kulissen zu sehen, Umfang und Ernsthaftigkeit der ganzen Bewegung beurteilen zu wollen, ist kaum mehr möglich. Immerhin sollen die saarländischen Banken eine Zeit lang große Kassenbestände gehalten haben, um gegen einen plötzlichen Kundenansturm gesichert zu sein.

Seit dem Frühjahr 1920 bestand eine Einheitsfront der Zeitungen wider alle Bestrebungen zur Abschaffung der Mark zugunsten irgend eines westlich bestimmten Zahlungsmittels, von der sich nur

---

[1]) Christmann, Die französische Währungspolitik im Saargebiet und in Rheinland-Westfalen, S. 21.

der von den Franzosen finanzierte „Neue Saarkurier (Le Nouveau Courrier de la Sarre)“ und die am 1. Dezember 1920 wieder eingegangene unabhängig-sozialdemokratische „Freiheit“ ausschlossen.

2) Frankenlöhnung für Berg- und Hüttenarbeiter.

a) Der Kampf um die Frankenlöhnung der Grubenarbeiter.

Am 18. Januar 1920 trat die französische Bergwerksverwaltung ihren Dienst an. Die ihr gestellte Aufgabe war nicht nur eine wirtschaftliche, sondern ebenso sehr eine politische. „Der französische Staat muß im Saargebiet eine Rolle spielen, die würdig ist seiner Tradition der Großherzigkeit und des sozialen Fortschritts. Er muß der Bevölkerung dieser Gegend zeigen, daß die demokratische Freiheit sicherer zum Blühen und Gedeihen führt als der starre teutonische Obrigkeitsstaat“ heißt es im ersten französischen Kammerbericht. Bald fand sich Gelegenheit, der Verwirklichung dieses Programms näherzutreten.

Der vom Herbst 1918 bis zum Februar 1920 ständig stark fallende Markkurs hatte bei den Grubenarbeitern, ebenso wie überall sonst, häufige Lohnverhandlungen und Lohnerhöhungen nötig gemacht. Auch als vom März bis zum Juni 1920 eine plötzliche Erholung eintrat, stiegen die Preise vorerst noch weiter. Aus den Mißhelligkeiten der ständigen Lohnverhandlungen wurde, sicherlich nicht ohne die Patenschaft der Bergwerksverwaltung, der Gedanke geboren, an Stelle der Löhne in Mark Frankenlöhne zu fordern. Verfechter dieser Forderung wurde bald der freigewerkschaftliche Alte Bergarbeiterverband, der damals 41 200 Mitglieder zählte. Die christliche Gewerkschaft, die aber nur 28 910 Mitglieder hatte, lehnte den Franken entschieden ab. Hinter ihr stand die gesamte öffentliche Meinung und die Presse mit den oben genannten Ausnahmen. Auch die Regierungskommission soll (nach Savelkouls [1]), der Frankeneinführung damals ablehnend gegenübergestanden haben.

Bei den Ende März stattfindenden Lohnverhandlungen forderte der Alte Verband Frankenlöhne. Die Bergwerksdirektion antwortete darauf: „Die Verwaltung hat grundsätzlich nichts gegen eine Zahlung der Löhne der Bergarbeiter in Franken einzuwenden; sie wird der französischen Regierung den Wunsch, der in dieser Beziehung von verschiedenen Arbeitervertretern geäußert worden ist, übermitteln.“

Inzwischen ging der Kampf in der Presse und zwischen den Verbänden in sehr heftigen Formen weiter. Die Wahlen der Sicherheitsmänner und Ausschüsse brachten dem christlichen Verbande eine entschiedene Niederlage. Er erhielt 67 Mandate, der freie Verband 270. Die Industrie erklärte sich gegen den Franken.

In der Lohnverhandlung am 15. Juni verkündete die Bergwerksverwaltung: „Die französische Regierung hat beschlossen, im

[1]) Savelkouls, Der Franc im Saargebiet.

Saarbergbau die Frankenentlohnung einzuführen." Der Beschluß trat am 1. Juli 1920 in Kraft. Auch die Preise der Industriekohlen wurden in Franken festgestellt. Ebenso wurde die Sozialversicherung auf Franken umgestellt und die Pensionen in Franken ausbezahlt, ein Franken für eine Mark, dazu noch Teuerungszulagen. Das bedeutete damals eine Verdreifachung der Sätze. Die Frankenlöhne brachten für den Bergarbeiter eine bedeutende Lohnverbesserung. Der Saarbergmann, der stets geringere Löhne erhalten hatte als der Bergarbeiter an der Ruhr, stand nun schon bei einem Kurse von 3 M. für den Franken besser da als sein Kollege. Und gerade seit Juli begann der Franken wieder zu steigen, um schon im November den Kurs von 5 vorübergehend zu erreichen. In dieser Zeit stand sich der Saarbergmann unvergleichlich viel besser als alle in Papiermark entlohnten Arbeiter.

b) Die Wirkung der Frankenlöhnung auf das Preisniveau.

Doch was für den Bergarbeiter von Vorteil war, war für die gesamte übrige Bevölkerung ein schwerer Schade. Die Gesamtbelegschaft der Gruben belief sich 1920 auf über 74 300 Mann. Mit Angehörigen machte das rund 300 000 Personen aus bei einer Bevölkerung von damals etwa 750 000 Köpfen. Es liegt auf der Hand, daß die außerordentlich gesteigerte Kaufkraft eines so bedeutenden Teiles der Gesamtbevölkerung auf die Preisentwicklung von nachhaltigem Einfluß sein mußte. In der Tat stieg die Saarbrücker Teuerungszahl, die im Juni erstmalig die Reichsindexziffer um ein Geringes übertroffen hatte, seit dem Juli beträchtlich über den Reichsindex. Von da an ist Saarbrücken bis zum Herbst 1923 weitaus die teuerste Stadt des Reiches geblieben. Erst in beträchtlichem Abstand folgen Aachen und Solingen, dann andere westdeutsche Industriestädte. Herly [1]) bemüht sich, diese Wirkung abzustreiten. Er weist darauf hin, daß die Saarbrücker Preise für aus Frankreich bezogene Lebensmittel mit dem Franken- und Dollarkurse stiegen und daß das Ansteigen des saarländischen Preisniveaus sich aus der Abhängigkeit des Landes vom Lebensmittelbezug aus dem Westen erkläre. Sicherlich ist das auch ein Faktor, der bei der Entwicklung mitspricht. Andererseits zeigt die beigefügte Kurve [2]), daß zwar der Reichsindex sehr deutlich, wenn auch naturgemäß verzögert, die Senkung der Devisenkurse von Februar bis Juni 1920 wiedergibt — in einer Indexsenkung von Mai bis September —, daß dagegen der Saarbrücker Index lediglich im September einen geringen Rückgang zeigt, sonst aber unentwegt ansteigt, um unter starken Schwankungen sich immer weiter vom Reichsindex zu entfernen. Nach Herlys Erklärung müßte gerade der Saarbrücker Index den Bewegungen der Devisenkurse sehr viel stärker und schneller folgen als der Reichsindex. Ein weiterer Grund

[1]) R. Herly, L'Introduction du Franc dans la Sarre, S. 120 ff.
[2]) Vgl. Schaubild 1.

der Saarbrücker Teuerung liegt in der allgemein zu beobachtenden Tatsache, daß die Preise in den Inflationsgrenzgebieten höher zu sein pflegen als im Innern des Landes. Das erklärt z. B. die große Indexhöhe für Aachen, das unter den Städten des Reiches nach Saarbrücken dem Grade der Teuerung nach an zweiter Stelle stand.

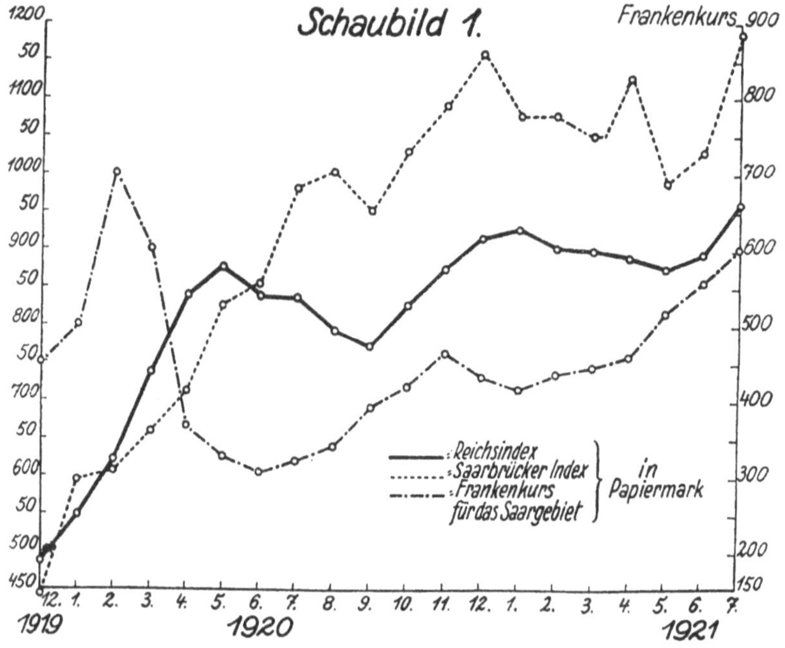

Der beträchtliche Unterschied aber zwischen den Aachener und den Saarbrückener Zahlen ist sicherlich der erhöhten Kaufkraft eines Teiles der Bevölkerung durch die Lohnzahlung in Franken zuzuschreiben. Es mögen an dieser Stelle zum Belege einige Zahlen der teuersten Städte folgen, wenn sie zum Teil auch einem späteren Zeitabschnitt mit noch erweitertem Frankenumlauf angehören.

Teuerungszahlen

Monat	1920 Feb.	Mai	Aug.	Nov.	1921 Jan.	März	Mai	Juni	Okt.	Nov.	Dez.	1922 Jan.	Febr.
Saarbrücken	636	867	1052	1144	1126	1095	1036	1242	1502	2209	2479	2537	2955
Aachen	687	1015	858	979	1101	1000	975	1095	1295	1568	17[illegible]7	1922	2497
Solingen	810	1107	895	1019	1015	1051	973	1021	1170	1463	1600	1721	2158
Essen	717	1017	886	988	947	893	849	923	1199	1368	1551	1706	1971

Indexzahlen

Monat	1922 Oktob.	Nov.	Dez.	1923 Jan.	Febr.	März	April	Mai
Saarbrücken	30,502	69,809	99,735	169,458	383,839	362,900	416,888	828,336
Aachen	19,496	42,728	61,460	115,86	298,17	346,01	347,20	450,02
Solingen	20,158	42,004	59,445	111,58	267,65	286,57	290,84	285,77
Köln a. Rh.	18,266	36,236	56,581	98,24	240,00	273,63	281,66	353,91
Essen	17,928	36,404	54,833	105,53	251,61	289,89	285,17	389,41
Dortmund	17,523	36,312	54,092	104,88	232,24	255,98	264,07	348,55

c) Die Wirkung der Frankenlöhnung der Bergarbeiter auf den Kohlenabsatz.

Die Erhöhung der saarländischen Lebenshaltungskosten und die starke Lohnbelastung der Gruben blieb nicht ohne Rückwirkungen. Die Saargruben erlebten eine starke Absatzkrise, da sie der Konkurrenz der Reparationskohle und der englischen Kohle in Frankreich nicht gewachsen waren und den süddeutschen Markt aus politischen Gründen verlassen hatten. Die Haldenbestände wechselten in dieser Zeit wie folgt:

Ende	Oktober	1920	94 013 t
„	April	1921	469 764 t
„	November	1921	697 755 t
„	Juli	1922	587 265 t
„	Dezember	1922	218 004 t

Im März und Dezember 1921 mußte zu Lohnherabsetzungen, im Februar, Juli und Dezember 1921 zu Verminderungen des Kohlenpreises geschritten werden. Auch zur Zeit der stetigen preußischen Produktionspolitik unerhört gewesene Feierschichten wurden eingelegt. Im Juni 1922 [1]) mußte man sich entschließen, zur Bearbeitung des deutschen Marktes zurückzukehren, wo der Absatz infolge des allmählichen Ansteigens der deutschen Kohlenpreise über die Weltmarktpreise wieder möglich zu werden begann. Die saarländische Kohlenkrise hat dadurch an Schärfe viel gewonnen, daß man sich zur verteuernden Frankeneinführung entschloß, gerade als der dem Kriege folgende Kohlenhunger der Welt einer Sättigung Platz machte, unter der auch andere Kohlenländer, die sich nicht zu bedenklichen Finanzexperimenten hergegeben hatten, leiden mußten.

Die Hebung der Kaufkraft der Bergarbeiter war außerordentlich. Wahllos wurde das Geld ausgegeben und wahllos in „Sachwerten“ angelegt. Eine besondere Schattenseite der Frankenzahlung lag in der Spekulation. Da der gesamte Geschäftsverkehr die Mark beibehielt, mußten die erhaltenen Franken umgewechselt werden. Die Wechselstuben schossen wie Pilze aus dem Boden. Da die Saarbrücker Banken höhere Kurse zahlten, strömte an Zahltagen alles von weither dorthin, um den höchsten Kurs zu erhaschen.

[1]) Herly, L'Introduction du Franc dans la Sarre, S. 44.

Davon bis zur Spekulation war nur noch ein halber Schritt. „Wie steht der Franken?" war die Frage in aller Munde. Alle diese Erscheinungen wirtschaftlicher Zerrüttung, die uns aus dem Herbst 1922 und dem Jahre 1923 bekannt sind, traten, das muß betont werden, im Saargebiet schon damals, im Sommer 1920, auf.

d) Der politische Beweggrund der Frankeneinführung bei den Bergwerken.

„Die Einführung des Franken durch die Bergwerke, die demnächst die Kohle den saarländischen Verbrauchern gegen Franken verkaufen und die diese Währung in allen ihren Verträgen verwenden werden, bedeutet vermutlich den Beginn eines neuen Zeitabschnitts im wirtschaftlichen Leben des Saarlandes", heißt es im vierten Bericht der Regierungskommission an den Völkerbund im September 1920 (S. 370). Damit ist die Lage völlig zutreffend geschildert. Mit der Einführung des damals noch ziemlich stabilen Franken in die inflationistischen Währungsverhältnisse des Saarlandes war die Bewegung hervorgerufen worden, die lawinenartig anwachsend notwendigerweise zur schließlichen Ausschaltung der versinkenden Papiermark führen mußte.

Fragt man, welche Gründe die französische Bergwerksverwaltung veranlaßt haben mögen, den Franken im Saargebiet einzuführen, so kommt man zur bestimmten Überzeugung, daß es politische waren. Herly [1]) bemüht sich, eine Reihe von Begründungen dafür anzugeben. So nennt er die Forderung der freien Gewerkschaft. Ihr sich zu beugen, hatte der französische Staat keinerlei Veranlassung, nachdem er 1919 die Macht gehabt hatte, einen ausgebrochenen wilden Streik mit rücksichtsloser Gewalt niederzuschlagen. Dann weist er darauf hin, daß die Haupteinnahmen der Gruben auf Franken gestellt waren, die Hauptausgaben auf Mark. Die Markbeträge mußten gegen Franken bei den örtlichen Banken gekauft werden. Das Frankenangebot hätte den Frankenkurs im linksrheinischen Deutschland drücken können. Aber diese Gefahr dürfte wohl kaum den großen Vorteil des Inflationsgeschäftes übertreffen, das mit der Lohnzahlung in sinkender Mark zu machen war. Endlich nennt Herly die Abhängigkeit vom deutschen Geldmarkt und von der Reichsbank, die sich aus den Marklöhnen ergab. „Unseres Erachtens", schreibt er, „muß der Hauptgrund, der den französischen Staat bestimmt hat, vom § 32 des Vertrages Gebrauch zu machen ... gesucht werden in der Furcht vor einer Bewegung bösen Willens in Berlin ...". Was der Reichsbank daran gelegen sein konnte, die Auszahlung der Löhne an die vielumworbenen Saarbergleute durch eigene Schuld zu verhindern, ist auch beim besten Willen nicht einzusehen. Vielmehr scheinen die Worte Herlys einer Entschleierung der politischen Bewegkraft gleichzukommen. Denn wann wäre nicht, bis zum heutigen Tage, die

[1]) R. Herly, L'Introduction du Franc dans la Sarre, S. 22.

mauvaise volonté die wohlfeile Begründung jeglicher französischen Rheinlandpolitik gewesen!

e) Die Überfremdung der Saareisenindustrie.

Da der Saarkoks sich zum Verhüttungs- und Kupolofenbetrieb unvermischt nicht eignet und auch die Fettkohlenförderung der Saargruben nicht ausreichte, bezog die Saarindustrie vor dem Kriege jährlich etwa 450 000 t Ruhrkoks, d. h. 28% des gesamten Verbrauches. Diese Ruhrkokslieferungen blieben im Jahre 1919 während des Waffenstillstandes aus.

Die Franzosen legten nun den § 15 des Friedensvertrages dahin aus, daß sie nur verpflichtet seien, den Prozentsatz der Saarkohlengesamtförderung der Saarindustrie zu liefern, den diese im Jahre 1913 bezogen habe. Infolge des Ausbleibens des Ruhrkokses trat natürlich Kohlenmangel ein. Außerdem ging die Gesamtförderung von 13 216 309 t im Jahre 1913 auf 8 970 848 t im Jahre 1919 zurück. So erhielt denn — da der oben genannte Prozentsatz 36 ist — die Saarindustrie im Jahre 1919 anstatt einer Kohlenmenge von rund 5 208 000 t nur 3 230 000 t, mit der sie in keiner Weise auskommen konnte. Die Franzosen aber verboten jegliche Betriebseinschränkung oder Stillegung. „Beschäftigung" der gesamten Arbeiterschaft bei einer Kohlenbelieferung von nur 62% war natürlich ein unerträglicher Zustand [1]). Das Heilmittel war einfach. Ein Vertreter des „Matin" berichtet von einer Unterredung, die ihm General Andlauer, der oberste Verwalter des Saargebiets, damals gewährt hatte, wie folgt:

„Es wäre absurd, wenn es (Frankreich) nicht den Versuch machen würde, auch in den metallurgischen Unternehmungen Einfluß zu gewinnen. Wenn man diesen Unternehmen Kohlen liefere, könne man leicht großen Einfluß auf ihren Geschäftsgang ausüben. Die Industriellen müßten daher begreifen, daß es in ihrem Interesse liege, wenn sie sich dem französischen Kapital angliederten. General Andlauer meinte schließlich, wenn man die Industrie in der Hand habe, sei es wohl leicht, auf die Einwohner einzuwirken, damit diese von ihrem Recht der Naturalisation Gebrauch machten."

Nun, solch handgreifliche Darlegungen mußte die Industrie wohl „begreifen", um so mehr, als der französische Staat die Käufer der in Lothringen sequestrierten Eisenwerke verpflichtete, sich an der Saarindustrie zu beteiligen.

Es gingen damals in französischen Besitz über:

die A.-G. der Dillinger Hüttenwerke, Dillingen, zu 60%,
die Aktienglashütte St. Ingbert, St. Ingbert und Luisenthal,
die Dillinger Eisen- und Maschinenbau A.-G. Dillingen (früher Meguin) zu 52%,

---

[1]) Im Februar 1920 waren von 32 Hochöfen nur 15 unter Feuer. (Herly, Métallurgie sarroise, S. 57.)

das Stahlwerk Dingler, Karcher & Co., Saarbrücken,
die Dynamit A.-G. Nobel in Saarwellingen,
die Maschinenfabrik Erhardt & Sehmer A.-G. in Saarbrücken,
das Friedrichsthaler Eisenwerk A.-G. in Friedrichsthal,
das Eisenwerk Fraulautern A.-G., Fraulautern,
die Glasfabrik Dreibrunnen und Fenne, Abteilung Fenne,
die Halberger Hütte G. m. b. H., Brebach (früher Gebr. Stumm) zu 60%,
das Kalk- und Zementwerk Böcking und Dietzsch,
das Neunkirchener Eisenwerk G. m. b. H. vorm. Gebr. Stumm zu 60%,
die Rheinischen Chamotte- und Dinaswerke in Homburg und Ottweiler,
die Robinius Hartstein A. G. in Saarbrücken,
die Saarland-Lothringen-Elektrizitätsgesellschaft zu 70%,
die Société Anonyme d'Aciéries et Mines à Tubes de la Sarre, Bous und Burbach (früher Gebr. Mannesmann) zu 60%,
die Société des Haut Fourneaux et Aciéries de Differdange-St. Ingbert-Rumelange in St. Ingbert,
die Tonwarenfabrik Brack in Kleinblittersdorf und andere.

Dazu kommen noch die
Vereinigten Hüttenwerke Burbach-Eich-Düdelingen A.-G. (Arbed), Abteilung Burbacher Hütte,
die schon in der Vorkriegszeit zu 24% in belgischem, zu 60% in französischem und zu 10% in luxemburgischem Besitze waren.

Den französischen Überfremdungsangriff erfolgreich abgewehrt haben von den großen Werken lediglich die
Röchlingschen Eisen- und Stahlwerke G. m. b. H.
und die Röchling A.-G. in Völklingen.

Ferner blieben von französischem Kapital frei
Brown, Boveri & Co., Saarbrücken,
die Gesellschaft für Förderanlagen Ernst Heckel m. b. H., Saarbrücken,
die Schraubenfabrik Fr. Karcher, C. Roth & Co., Beckingen,
die Vereinigten Vopelius & Wentzelschen Glashütten G. m. b. H. in Sulzbach,
die Kristallfabrik von Villeroy & Boch in Wadgassen.

An den keramischen Werken von Villeroy & Boch in Mettlach, Merzig und Wallerfangen ist von der Vorkriegszeit her französisches Kapital zu 45%, belgisches zu 15%, luxemburgisches zu 5% und saarländisches zu 35% beteiligt. Doch ist das deutsche Kapital, das sich in einer Hand befindet, das führende[1]).

---

[1]) Die Aufstellung, die auf erschöpfende Vollständigkeit keinen Anspruch macht, dürfte gleichzeitig die wesentlichsten saarländischen Industrien wiedergeben.

f) Der wirtschaftspolitische Beweggrund der Frankeneinführung bei den Hütten.

Die so sehr gesteigerte Kaufkraft der in Franken entlohnten Bergarbeiter mußte die Aufmerksamkeit der papiermarkentlohnten Arbeiterschaft auf sich ziehen, die weiterhin unter ständigen Lohnverhandlungen zu leiden hatte und zu deren Lasten die starke Preisniveauerhöhung infolge der neuen Bergarbeiterlöhne gehen mußte. Schon am 23. Juni 1920, als kaum der Entschluß der Grubenverwaltung, Frankenlöhne zu zahlen, bekannt geworden war, trat der Neunkirchener Ortsverband des freien Metallarbeiterverbandes mit der Forderung von Frankenlöhnen hervor. Der Gesamtverband folgte. Die geforderten Verhandlungen wurden nicht abgewartet. Am 30. Juni brach ein wilder Streik aus, der sich schnell über das ganze Saargebiet verbreitete, aber am 12. Juli ergebnislos zusammenbrach. Anfang September ersuchte der Metallarbeiterverband wiederum um Verhandlungen über Frankenlöhne. Gewährt wurden Erhöhungen in Mark. Doch im November schlug der Wind plötzlich um: die Hüttenindustrie entschied sich für Frankenlöhne. Die übrigen Industrien blieben weiterhin ablehnend.

Die Ursache des plötzlichen Meinungsumschwungs bei den französischen Besitzern der saarländischen Eisenindustrie dürfte teils in rein politischen und teils in wirtschaftlichen Erwägungen zu suchen sein.

Die Politik des französischen Comité des Forges ist es stets gewesen, die Zahl der Konkurrenten um den heimischen Markt so niedrig wie möglich zu halten, sie tritt am schärfsten zutage in einer vertraulichen Denkschrift des Generalsekretärs des Comité des Forges, Robert Pinot, die dieser im Jahre 1915 dem französischen Senat zugehen ließ und in der er an Stelle der Annexion Elsaß-Lothringens die Errichtung eines neutralen Staates unter französischer Oberhoheit vorschlägt, der von Frankreich durch eine Zollgrenze getrennt sein soll. Denn nur so sei die französische Eisenindustrie vor der vernichtenden Konkurrenz der modernen lothringischen Werke zu schützen [1]).

Dieser Vorschlag ist nicht befolgt worden. Statt dessen hatte sich die altfranzösische Eisenindustrie in den Besitz der sequestrierten lothringischen Werke gesetzt und sie ihren Kartellbedingungen unterworfen. Da die feste Besitznahme der Saarkohlengruben im Interesse der französischen Eisenindustrie zu liegen schien, hatte man sich entschlossen, die weit schwächeren und unmodernen saarländischen Eisenwerke auch noch in Kauf zu nehmen. Getreu der traditionellen Politik auf dem heimischen Markte mußte man aber bestrebt sein, die Saarindustrie vom Binnenmarkte auszuschließen und ihr die Aufgabe des Exportes zuzuweisen. Nun war jedoch die Besitzergreifung der Saareisenindustrie durch das alt-

[1]) Christmann, a. a. O. S. 68 f.

französische Kapital nicht völlig gelungen. Eines der größten eisenerzeugenden Werke, die Mehrheit der weiterverarbeitenden Industrie und der Eisenhandel waren in deutscher Hand geblieben und konnten, ungebunden an beschränkende französische Kartellvereinbarungen und gefördert durch das Inflationsdumping der Mark, den französischen Binnenmarkt überschwemmen. So mußte versucht werden, durch die Einführung des Franken die Selbstkosten dieser Werke zu steigern [1]).

Da die Hüttenindustrie nunmehr die lothringische Minette, die Kohlen und die Löhne in Franken zu bezahlen hatte, war das erste Ziel, der Ausschluß vom Binnenmarkte, weitgehend erreicht, zumal die französische Eisenindustrie sich durch die Annexion Elsaß-Lothringens verdoppelt hatte und in Frankreich 1921 infolge Absatzmangels kaum 15% der Hochöfen in Betrieb waren.

g) Absatzkrise der Eisenindustrie als Folge der Frankeneinführung.

Anders stand es um Erreichung des zweiten selbstgesteckten Zieles, um die Förderung der Ausfuhr. Die osteuropäischen Vasallenstaaten Frankreichs, ebenso wie der natürliche süddeutsche Markt waren Inflationsgebiete. Die Einnahmen gingen also in sinkendem Gelde, zumeist in Mark, ein. Um ihre Unkosten bezahlen zu können, mußte die Hüttenindustrie Frankenbeträge gegen Mark kaufen, ein Geschäft, das bei dem starken Fallen des Markkurses im Jahre 1921 unmöglich gewinnbringend sein konnte.

Der Berliner Dollarkurs stand im Januar 1921 rund auf 65, Ende Juli auf 80, und Ende September wurde die Höhe von 127 zum erstenmal erreicht. Dabei änderten sich die Preise in Deutschland bis September nicht merklich, die Eisenpreise fielen sogar bis Juli. Unter diesen Umständen konnten die Saarwerke mit ihren gesteigerten Frankenunkosten nicht konkurrenzfähig bleiben, zumal sie auch in Deutschland allenthalben den Erzeugnissen der modernen lothringischen Werke begegneten, die überdies die höherwertige Ruhr-Reparationskohle zu einem geringeren Preise geliefert bekamen, als die Saarindustrie selbst für die Saarkohle zu zahlen hatte.

Eine schwere Krise brach herein, die sich in großen Verlustbilanzen äußerte [2]). Obwohl man fortfuhr, mit Verlusten nach dem deutschen Markte zu exportieren, mußten in Süddeutschland

---

[1]) Schon die Frankeneinführung bei den Kohlengruben war von der Lothringischen Eisenindustrie aus diesem Grunde gefordert worden (Herly, Métallurgie sarroise, S. 70). Wie wenig wirtschaftsfeindlich-merkantilistische Vorstellungen der französischen Nachkriegspolitik fernlagen, beweist u. a. die Antwort Poincarés an die englische Regierung vom 29. Juni 1923 betr. die Ruhrbesetzung. (Abgedruckt in: Bergmann, Der Weg der Reparation, S. 245 ff.) Es heißt dort: „Der Druck muß vor allem auf der deutschen Industrie lasten, da sie ... eine ständige Gefahr für die französische und belgische Industrie bildet.“

[2]) Im Geschäftsjahr 1920/21 schloß das Neunkirchener Eisenwerk mit 3 Millionen Franken Verlust ab, die Dillinger Hütte mit 14 Millionen Franken

Teile der eisenverarbeitenden Industrie feiern, da die Saareisenpreise zu hoch waren. Von den 30 Hochöfen des Saargebiets konnten im September nur 18 in Betrieb gehalten werden. Im Mai und September mußten die Löhne herabgesetzt werden. Auch kam es zu großen Arbeiterentlassungen. Ende des Jahres führte dann der

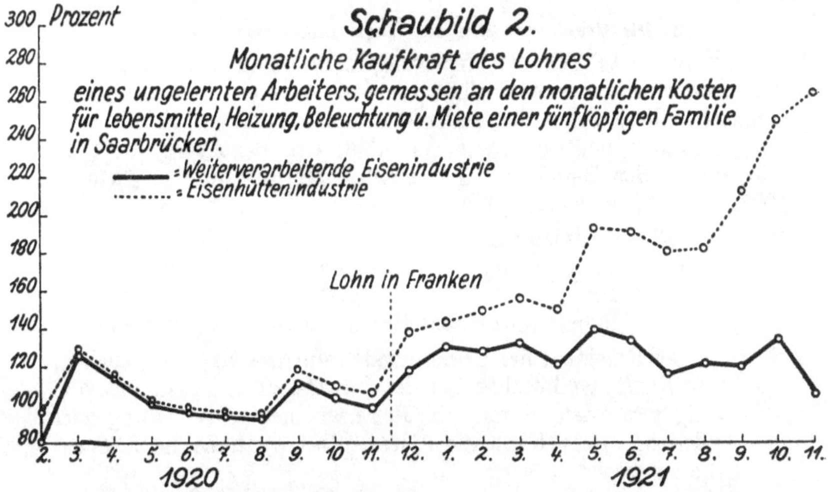

wieder sinkende Goldwert des Franken und die Herabsetzung des Kohlenpreises durch die Bergwerksdirektion zu einer gewissen Entspannung der Lage [1]).

Die weiterverarbeitende Eisenindustrie und die Glas- und Keramindustrie zahlten weiterhin ihre Löhne in Mark. Der Unterschied in der Kaufkraft des Frankenlohnes der Hüttenarbeiter und des Marklohnes der Arbeiter der weiterverarbeitenden Eisenindustrie wurde immer größer, wie die beigefügte Darstellung des Arbeitgeberverbandes der Saarindustrie zeigt [2]). Daß die Mark-

---

und im Geschäftsjahr 1922 die Hauts Fourneaux et Aciéries de Differdange-St. Ingbert-Rumelange mit 26 Millionen Franken. (Metzger, Der Kampf um den saarländischen Markt, S. 49.)

[1]) „Il est incontestable, que l'industrie sarroise eut à surmonter, de 1920 à 1922, une série de difficultés sérieuses." (Herly, L'introduction du Franc dans la Sarre, S. 58.)

„The position of the metal industrie on the other hand, has grown worse.... The relatively high prices of coal make it almost impossible for the industrie to retain the usual outlets for its products. Its future will be endangered, unless adequate measures are soon taken to enable it to withstand the competion of neighburing countries." (Aus dem allg. Bericht der Regierungskommission an den Völkerbundsrat für Mai, Juni, Juli 1921. Abgedruckt bei Sidney Osborne, a. a. O. S. 336 ff.)

[2]) Vgl. Schaubild 2. Aus „Lohn- und Kaufkraft" Statistisches Material, herausgegeben von der Geschäftsführung des Arbeitgeberverbandes der Saarindustrie e. V., Saarbrücken 1921.

löhne zahlenden Firmen aber große Gewinne einstrichen, verhinderten die hohen Frankenunkosten für Kohle und Eisen, bald auch für die Frachten sowie der ganz im allgemeinen hohe Stand der Lebenshaltungskosten im Saargebiet im Vergleich zum übrigen Deutschland.

3) Die Frankenpolitik der Regierungskommission.

a) Das Eingreifen der Regierungskommission als Folge der Pariser Politik.

Bisher hatte sich die Regierungskommission des Saargebiets den Bestrebungen zur Einführung des Franken äußerlich ferngehalten. Jetzt sollte das anders werden. In diesem Zusammenhang scheinen politisch zwei Schreiben der Beachtung wert zu sein, die es der Deutschen Allgemeinen Zeitung am 22. Oktober 1925 zu veröffentlichen gelang.

„Finanzministerium.
Kabinett des Ministers Paris, 27. November 1920.
C 538

Der Finanzminister an Herrn Labie, Finanzinspektor.

Der Präsident der Regierungskommission des Saargebietes, Herr Rault, ist kürzlich bei der französischen Regierung vorstellig geworden, damit ein Beamter meiner Abteilung zur Ordnung der Finanzen des Saarstaates nach Saarbrücken beordert wird.

Das Gleichgewicht des Saargebietbudgets wird augenblicklich nur durch einen Behelf sichergestellt. Tatsächlich bestehen die Haupteinnahmen des Saarstaates in der Kohlensteuer, die 20% beträgt. Dieser Zustand legt den Kohlenverbrauchern eine unerträgliche Belastung auf, und insbesondere den französischen Kohlenverbrauchern, die ungefähr 100 Millionen Franken zum Staatsbudget des Saargebiets beitragen.

Die französische Regierung hat der Beibehaltung dieser Kohlensteuer nur widerruflich zugestimmt und um der Regierungskommission keine Schwierigkeiten zu bereiten. Sie hat aber ausdrücklich verlangt, daß die Steuer binnen kurzem ermäßigt oder abgebaut werde. Die Einführung neuer Steuern zum Ersatz für die Kohlensteuer scheint daher unvermeidlich, und das ganze fiskalische Problem wird aufgerollt. Das Gleichgewicht des Budgets ist um so schwieriger herzustellen, als es ein bedeutendes Defizit der Eisenbahnen auszugleichen gilt. Die Einführung des französischen Franken im Saargebiet, eine Maßnahme von größtem politischen Interesse, und die ich ganz und gar gebilligt habe, vermehrt noch die Schwierigkeiten durch die Reform, die sie hinsichtlich der Festsetzung der Beamtengehälter notwendig macht.

Es ist wichtig, daß diese Schwierigkeiten in kürzester Frist beseitigt werden.

Das Präsidium der Regierungskommission ist vom Völkerbunde einem Franzosen anvertraut worden, wir tragen daher eine sehr große Verantwortung bei der Reorganisation des Saargebiets in Verwaltung und Finanzen. Ein Mißgriff unsererseits würde unserem Einfluß einen empfindlichen Schlag versetzen und wäre imstande, unsere politische Zukunft zu kompromittieren in einem Lande, um dessen Wiederangliederung an Frankreich wir uns bemühen müssen.

Die dem französischen Beamten anvertraute Mission, der offiziell der Saarregierung als Finanzberater zugeteilt wird, kann nur durch fortgesetzte Anstrengungen durchgeführt werden. Es ist notwendig, daß sie schnell durchgeführt wird und keine Unterbrechung erleidet. Sie bedingt selbstredend einen Aufenthalt im Saargebiet.

Ich beabsichtige, Sie mit dieser Mission zu betrauen. Ich zweifle nicht, daß Sie die zum Gelingen notwendigen Eigenschaften besitzen. Aber in Anbetracht der Wichtigkeit der Schwierigkeiten, die sie bietet, und der beträchtlichen Anstrengungen, die sie erfordert, hielt ich es für angebracht, Sie zu fragen, ob Sie zur Annahme bereit sind.

Selbstverständlich dürfen Sie sich versichert halten, von meinem Ressort ebenso wie vom Ministerium des Auswärtigen alle Unterstützung zu erhalten, die Sie benötigen sollten.

gez.: Unterschrift."

„Paris, 30. November 1920.

Der Finanzminister an den Herrn Ministerpräsidenten und Minister des Auswärtigen (Abtl. für politische und wirtschaftliche Angelegenheiten).

Der Präsident der Regierungskommission des Saargebiets, Herr Rault, ist kürzlich bei der französischen Regierung vorstellig geworden, damit ein Beamter meines Ressorts als Finanzberater der Regierungskommission des Saargebietes zugeteilt werde. Ich beehre mich, Ihnen mitzuteilen, daß ich beabsichtige, Finanzinspektor Labie mit dieser Mission zu betrauen. Angesichts der Schwierigkeiten, die sie bietet, ist es wichtig, daß dieser hohe Beamte die Gewißheit hat, daß ihm seitens der Regierungskommission und der Finanzabteilungen, die von ihr abhängen, die moralische und materielle Unterstützung zuteil wird, die er zur glücklichen Durchführung seiner Aufgabe benötigt. Ich zweifle nicht, daß die Regierungskommission ihm alle Erleichterungen gewähren wird, deren er bedarf.

Sie werden es ohne Zweifel für angebracht halten, angesichts der Bedeutung, die diese Frage vom französischen Standpunkt aus hat, daß Herr Labie uns über die Arbeiten auf dem Laufenden hält, die von unseren beiden Ressorts aufmerksam verfolgt werden müssen. Es dürfte sich von selbst verstehen, daß gegebenenfalls die französische Regierung bei Herrn Rault interveniert, um die Arbeit des Herrn Labie zu unterstützen. Ich bitte um Mitteilung, ob Sie mit mir über die Ernennung einig sind...

gez.: Unterschrift."

Es ist bemerkenswert, daß im ersten Schreiben bereits die beiden Schritte angekündigt sind, die bald erfolgen sollten, die Umstellung der Bahnen und der Beamtengehälter auf Franken. Auch die ungewöhnlich starke Form, in der das zweite Schreiben von der Herrn Labie zu leistenden Unterstützung spricht, gibt zu denken, um so mehr dann, wenn man weiß, daß er trotz seiner alsbald angetretenen Stellung als „wirtschaftlicher Berater" des Herrn Rault den Diensteid als Saarbeamter erst im September 1925 geleistet hat, er bis dahin also ein ausschließlich Frankreich verpflichteter französischer Beamter war.

b) Die Einführung des Franken bei Bahn und Post.

Wie die Bahnen des Deutschen Reiches, war auch die Saarbahn unter dem Einflusse der Markinflation zum Defizitbetriebe geworden. Die Tarife waren ursprünglich denen der Reichsbahn gleich. Seit 20. Juli 1920 wurde dazu eine Sondergebühr erhoben, um den Fehlbetrag auszugleichen. Am 1. April 1921 wurden die Tarife wie in Deutschland erhöht, an Stelle der Sondergebühr trat ein neuer, anders berechneter und erhöhter Zuschlag zum Frachtverkehr. Trotzdem schloß das Rechnungsjahr 1920 mit einem Fehlbetrag von 150 Millionen Mark [1]).

Das starke Zunehmen der Teuerung löste bei den Beamten Ende 1920 eine Bewegung zur Erhöhung der Gehälter aus. Doch war von Frankenlöhnen kaum die Rede. Das lag daran, daß der Vorteil, den diese den Grubenarbeitern gebracht hatten, sich infolge der Teuerung merklich vermindert hatte, daß die Hüttenarbeiter mit ihrer Forderung auf gleiche Lohnhöhe mit Lothringen nicht durchgedrungen waren, sondern nicht viel mehr als die Hälfte erhielten, daß endlich die Beamten seit dem Ende Juli 1920 erlassenen Beamtenstatut und dem darauf folgenden allgemeinen Streik der Saarbeamten, der zusammenbrach, sich der Regierung gegenüber in entschiedener Kampfstellung befanden.

Mitte Januar 1921 wurden Verhandlungen begonnen, um eine Erhöhung der Gehälter in Mark zu erlangen. Der Minister

---

[1]) Priou, Le Territoire de la Sarre, S. 45.

Lambert erklärte, eine Erhöhung der Gehälter in Mark sei ausgeschlossen. Erhöhte Frankengehälter würden sofort gezahlt werden, sobald die Mehrzahl der Beamten sie fordern würde. Die Gewerkschaftsvertreter betonten demgegenüber, daß man den Franken nehmen wolle, wenn er eine Gehaltserhöhung brächte, ihn aber nicht fordern würde. Sie wollten jedoch eine Abstimmung über die Frage, ob der Franken gefordert werden solle, veranstalten.

In der Abstimmung lehnten die Eisenbahner den Franken mit 11 467 gegen 4 315 Stimmen ab. Im Februar wiederholte der Präsident Rault die Erklärung der Regierung, eine Lohnerhöhung nur in Gestalt von Frankenlöhnen zulassen zu wollen. Kurz darauf fand in Saarbrücken eine Versammlung von Eisenbahnern statt, die sich für den Franken aussprach. Die Zeitungsangaben über ihren Besuch schwanken je nach der politischen Richtung zwischen einigen Hundert und einigen Tausend. Da die Kundgebung in einem Saale erfolgte, kann es die Mehrheit der Eisenbahner des Saargebiets auf keinen Fall gewesen sein. Immerhin genügte der Regierung diese bescheidene demokratische Grundlage, sie setzte vom 1. Mai 1921 ab Tarife und Gehälter von Bahn und Post in Franken fest. Die Postgebühren wurden im wesentlichen nach dem Grundsatz 1 Mark = 1 Franken festgesetzt, für die Tarife der Bahn und die Gehälter rechnete man im allgemeinen 1 Franken = 3 Mark. Da der Frankenkurs Anfang Mai gerade 5 Mark überschritt, bedeutete das eine Erhöhung sowohl der Gehälter wie der Tarife.

Diese Erhöhung der Tarife war nicht geeignet, der Eisenindustrie die Überwindung der Krise, in der sie sich befand, zu erleichtern, ebensowenig wie sie der Behebung der Absatzstockung der Kohlengruben günstig war.

Die sofortige Beseitigung des Fehlbetrages der Bahnen gelang nicht. Das Geschäftsjahr April 1920 bis März 1921 schloß mit einem Defizit von 12 952 899 Franken, das Jahr 1921/1922 mit 10 275 000 Franken und das Jahr 1922/23 mit 3 315 900 Franken[1]). Die dann beginnende Frankeninflation ließ das Defizit von neuem ansteigen. Wenn aber Savelkouls[2]) schreibt: „Von der Zweckmäßigkeit der Erhöhung der Tarife und selbst der Deckung des Defizits bin ich nicht überzeugt, solange nicht in Deutschland die gleiche Politik verfolgt wird", so kann man ihm darin nicht beistimmen. Man darf bei der Betrachtung der saarländischen Markinflation nicht außer acht lassen, daß der Saarregierung eine Noten-

[1]) Herly, L'Introduction du Franc dans la Sarre, S. 77. Der Haushaltsvorschlag für 1927/28 sieht bei den Bahnen einen Fehlbetrag von 2 867 000 Franken, bei der Post einen solchen von 1 137 200 Franken vor. Eine gänzliche Beseitigung des Defizits bei den Saarbahnen scheint nicht möglich zu sein, da das saarländische Eisenbahnnetz als selbständiger Körper unwirtschaftlich ist. Es stellt eigentlich nichts weiter dar, als einen großen Verschiebebahnhof.

[2]) Savelkouls, Der Franc im Saargebiet, S. 92.

presse nicht zur Verfügung steht, ein unbekümmertes Defizitwirtschaften, wie es im Reiche üblich war, bei ihr also ganz andere Folgen haben mußte und daß die Geldentwertung zu Lasten, nicht zugunsten ihrer Kasse ging.

Gleichfalls ab 1. Mai erhob auch die Zollverwaltung ihre Gebühren in Franken. Da bis zum Jahre 1925 im wesentlichen Zollfreiheit nach beiden Seiten, nach Deutschland und nach Frankreich, bestand, war diese Maßnahme wirtschaftlich nicht von besonderer Tragweite.

Anders dagegen die Frankeneinführung bei Bahn und Post. Nicht nur, daß sie die Frankenunkosten der Industrie beträchtlich vermehrte, vor allem war von jetzt ab die gesamte Bevölkerung genötigt, für diesen Teil ihrer Ausgaben beständig Frankenbeträge zur Hand zu haben. Damit waren die Pläne zur Durchsetzung der Frankenwährung ihrer Verwirklichung ein gutes Stück nähergekommen.

Die Reichsregierung richtete wegen der Frankeneinführung bei Bahn und Post eine Protestnote an die Regierungskommission und den Völkerbund. Die in Frage kommende Verordnung verstoße gegen den Versailler Vertrag. Der § 22 des Saarstatuts [1]) weise dem Franken die Rolle eines „gesetzlich geduldeten Umlaufsgeldes“ zu. Dadurch, daß man die Beschränkung des Frankenumlaufs untersage, setze man voraus, daß die Mark gesetzliches Zahlungsmittel sei. Währungsgeldeigenschaften habe der Franken nur im Verkehr mit den Gruben; sonst könne Zahlung und Annahme von Franken nur auf gegenseitiger freier Vereinbarung beruhen. Die in Frage stehende Verordnung aber schaffe einen Zwang zur Zahlung von Franken und verleihe diesem damit Eigenschaften einer gesetzlichen Währung unter ausdrücklicher Ausschaltung der Mark.

Der deutsche Einspruch wurde nicht berücksichtigt. Zur bindenden Auslegung des Friedensvertrages in Streitfällen ist die Regierungskommission zuständig.

Vor der Einführung des Franken bei Bahn und Post hatte die Regierung bei den Verbänden der Wirtschaft eine Umfrage veranstaltet über ihre Stellungnahme gegenüber einer Erweiterung des Frankenumlaufs. Die Antworten fielen durchweg ablehnend aus. Es wurde auf die Erhöhung der Preise, die Minderung der Wettbewerbsfähigkeit gegenüber dem billigen Deutschen Reiche, die Tatsache, daß der Wareneinkauf zu 90% in Deutschland vor

[1]) „Der Umlauf französischen Geldes im Saarbeckengebiet darf in keiner Weise verboten oder eingeschränkt werden. Der französische Staat hat das Recht, für alle seine Käufe oder Zahlungen und in allen seinen Verträgen bezüglich der Ausbeutung der Gruben oder ihrer Nebenanlagen sich französischen Geldes zu bedienen.“

sich ginge und die Schwierigkeiten eines Wareneinkaufs in Frankreich hingewiesen. Auf den sachlichen Inhalt der Antworten wird bei der Darlegung der Zollfrage zurückzukommen sein.

c) Die Erhebung des Franken zur zweiten gesetzlichen Währung.

Da der saarländischen Regierung an einer möglichst baldigen Durchsetzung der Frankenwährung gelegen war, mußte sie auch die rechtlichen Bestimmungen treffen, um vor allem den Franken mit der gleichen Rechtskraft auszustatten wie die Mark.

Am 5. März 1921 erging deshalb eine Verordnung, die bestimmte, daß die im Handelsgesetzbuch vorgeschriebene Bilanzaufstellung sowohl in Markwährung wie in Frankenwährung erfolgen dürfe [1]). Im selben Sinne wurde am 2. August 1921 die „Verordnung betreffend Abänderung der Justizgesetze" [2]) erlassen, die, abgesehen davon, daß sie in allen Gesetzen an Stelle der Worte „Deutsches Reich" oder des Namens eines Bundesstaates das Wort „Saargebiet" einsetzte, im Absatz 1 des § 40 des Handelsgesetzbuches, der von der Bilanzaufstellung handelt, das Wort „Reichswährung" durch „eine der beiden Landeswährungen" ersetzte. Eine weitere Verordnung, die die Bilanzumstellung in Franken erleichterte und von der Stempelsteuer befreite, erging am 8. Dezember 1922.

Trotzdem hat die saarländische Wirtschaft von der Möglichkeit der Kapitalumstellung nur geringen Gebrauch gemacht [3]). Von der Schwerindustrie hatten das Eisenwerk St. Ingbert mit dem Sitz in Luxemburg und das ehemalige Mannesmannwerk, die Société Anonyme des Aciéries et Usines à Tubes de la Sarre, mit dem Sitz in Paris von vornherein den belgischen bzw. französischen Franken als Bilanzwährung. Auch die Burbacher Hütte (Vereinigte Hüttenwerke Burbach-Eich-Düdelingen A.-G., genannt „Arbed") hat ihren Sitz in Luxemburg und bilanziert in belgischen Franken. Eine Umstellung auf Franken finden wir bei der A.-G. der Dillinger Hüttenwerke, die am 15. November 1921 eine Bilanz vom 30. Juni 1921 in Mark und die ihr am 15. Dezember 1922 folgende Bilanz in Franken veröffentlichte. Das ehemals Stummsche Neunkirchner Eisenwerk G. m. b. H. nahm die Umstellung am 1. Dezember 1921 vor. Am 31. März 1922 wurden zwei Bilanzen, eine in Mark und eine in Franken, veröffentlicht.

Andere Werke, wie die Röchlingschen oder die Halberger Hütte, entschlossen sich erst zur Umstellung, als sie durch die Währungsverordnung dazu gezwungen wurden. Am 1. Januar 1923 hatten beim Amtsgericht Saarbrücken von 80 Aktiengesell-

---

[1]) Amtsblatt 1921 Nr. 5, S. 44.
[2]) Amtsblatt 1921 Nr. 11, S. 125.
[3]) Im folgenden nach Lüpke, Die Währungsumstellung in den Wirtschaftsbetrieben des Saargebiets.

schaften erst eine, von 465 Gesellschaften mit beschränkter Haftung erst 12 die Umstellung angemeldet.

d) Die Umstellung der Beamtengehälter in Franken.

Nachdem der Franken bei Bahn und Post eingeführt war, erklärte die Regierung sich bereit, allen anderen Beamten Frankengehälter zu zahlen, die darum einkommen würden. Das wurde mit dem 1. August 1921 Tatsache. Der Widerstand war nur sehr gering. Der Vorteil der Frankenzahlung lag zu klar zutage, als daß man mit einer Ablehnung des Franken in nennenswertem Umfange hätte rechnen dürfen. Das erkannte stillschweigend auch das Deutsche Reich an, indem es den deutschen Beamten des Versorgungsamtes in Saarbrücken vom Mai 1921 ab und denen des Reichskommissars für die Ein- und Ausfuhr ab Oktober reichliche Frankengehälter gewährte. Von seiten der Markempfänger, deren Lage sich immer mehr verschlechterte, besonders soweit es Rentner waren, wurde diese Maßnahme übel vermerkt. Die Einnahmen zur Zahlung der Frankengehälter flossen vor allem aus der Kohlensteuer, die in Franken erhoben wurde.

Im Gegensatz zur Landesverwaltung verfügten die Gemeinden nicht über Frankeneinnahmen. Denn zur Steuererhebung in Franken war es — mit Ausnahme der Kohlensteuer — trotz mancherlei Ankündigungen nicht gekommen. So kam es, daß der Unterschied im Einkommen zwischen den früher gleichgestellt gewesenen Staats- und Gemeindebeamten zuungunsten der letzteren immer größer wurde. Um die Frankeneinführung auch in den Gemeinden zu erzwingen, erging am 16. Juli 1921 von der Regierung unter Geltendmachung ihres Aufsichtsrechtes ein Verbot der weiteren Erhöhung der Markgehälter, da die dadurch hervorgerufenen Etatsüberschreitungen nicht länger zugelassen werden könnten. Gleichzeitig wurde den Gemeinden geraten, ihre Beamten und Angestellten in Franken zu bezahlen. Im neuen Haushaltsjahr ab 1. April 1922 möchten die Gemeinden für eine dafür hinreichende Erhöhung ihrer Einnahmen Sorge tragen. Bis dahin sei die Regierung bereit, die willigen Gemeinden zu unterstützen durch Umwechslung der für die Lohn- und Gehaltszahlung bestimmten Markbeträge des Haushaltes zum festen Kurse von 5 Mark für den Franken bei der Landeskasse (der schnell weiter steigende Frankenkurs erreichte Anfang September gerade den Stand von 7 Mark) und, wenn nötig, durch einen unentgeltlichen Zuschuß in Franken zur Gleichstellung der Gemeindebeamten mit den Staatsbeamten. Auch möchten die Gemeinden selbst sich Frankeneinnahmen beschaffen durch Umstellung der städtischen Gas-, Wasser-, Elektrizitäts- und Straßenbahnbetriebe auf diese Währung.

Etwa die Hälfte der Gemeinden [1]) fügte sich den Vorschlägen

[1]) Nach Herly, L'Introduction du Franc dans la Sarre, S. 101.

der Regierung. Die andere nahm unter Führung von Saarbrücken den Kampf dagegen auf. Am 19. November entschied der Verwaltungsausschuß des Saargebiets, die verklagten Städte Saarbrücken, Mettlach, Merzig und Haustadt hätten ihre Beamten in gleicher Höhe und Währung zu bezahlen wie die Regierung. Die Frankenzahlung an Angestellte und Arbeiter lehnte die Stadt Saarbrücken auch weiterhin ab. Diese, die durch das Verbot der Erhöhung der Markbezüge in steigende Not kamen, traten Anfang November 1921 in den Ausstand. Schließlich gestattete die Regierung die Erhöhung der Marklöhne. Grundsätzlich hatte die Stadt damit gesiegt. Erst im März 1923 zwangen auch sie die Verhältnisse, in Löhnen und Gelderhebungen zum Franken zu greifen. Die anderen Gemeinden hatten den Widerstand eher aufgegeben. „Im Dezember 1921", berichtete die Regierungskommission [1]), „bezahlen mit Ausnahme eines Dutzends kleiner Landgemeinden, deren jede kaum zwei oder drei Beamte hat, und Saarbrückens, wo die Arbeiter noch in Mark entlohnt werden, alle saarländischen Gemeinden die Gesamtheit ihrer Beamten, Angestellten und Arbeiter in Franken." Die natürliche Folge war die allmähliche Umstellung der Gemeindeeinnahmen aus Gas, Wasser und Elektrizität und einiger direkter Steuern, wie der Lustbarkeits- und Hundesteuer, auf Franken.

Die Einführung des Franken bei den Gemeinden ist ein Musterbeispiel für die Tatsache, daß es im Saargebiet wohl kaum eine wirtschaftliche Frage gibt, die nicht zugleich ebensosehr eine politische ist. Gerade der Kampf gegen den Franken in den Gemeinden ist mit außerordentlicher Heftigkeit und Schärfe geführt worden, was sich nur daraus erklären läßt, daß man in dieser Frage — mit Recht — vor allem die politischen, nicht die wirtschaftlichen Beweggründe gesehen hat. Das beweist auch das nur politisch zu verstehende Angebot der Saargrubenverwaltung, der Stadt Saarbrücken die Tonne Kohlen um 2 Franken billiger zu liefern, wenn sie ihre Angestellten und Arbeiter in Franken entlohnen wolle.

e) Der Sieg des Franken im Verkehr.

Seitdem mit Bergarbeitern, Hüttenarbeitern und Beamten $^4/_5$ der Bevölkerung in Franken entlohnt wurden, seitdem nach der Industriekohle auch die Hausbrandkohle, nach Post und Eisenbahn auch Gas, Wasser, Elektrizität und Straßenbahn in Franken bezahlt werden mußten, war das Schicksal der Mark entschieden. Trotzdem ist es erstaunlich zu sehen, wie lange sie noch ihre Stelle behauptete. Denn obwohl fast die gesamte Bevölkerung zu den Frankenempfängern gehörte, rechnete der Handel nach wie vor in Mark. Das hatte seinen Grund vor allem in der Tatsache, daß der Warenbezug für den Verbrauch im Saarlande wohl zu 90%

[1]) J. O. de la Soc. des Nat. 3. Jahrg. Nr. 3, März 1922, S. 226.

aus Deutschland erfolgte, das aus politischen Gründen trotz des ständig wachsenden Frankenumlaufs zu Inlandspreisen lieferte. Die freie Konkurrenz sorgte dann schon dafür, daß eine Preisforderung in Franken unmöglich war, solange es noch Kaufleute gab, die die gegen Mark bezogenen Waren wiederum gegen Mark zu verkaufen bereit waren. Auch wirkte die Oberpreisprüfungsstelle auf die Beibehaltung der Mark im Handel hin, umsomehr, als sie auch die Interessen der Markempfänger zu wahren hatte. Den Rentnern unter ihnen ging es besonders schlecht, da die saarländischen Preise den deutschen Preisen stets voraus waren und so die Entwertung ihrer Bezüge um diesen Unterschied weiter fortgeschritten war als im Reiche. Zu ihren Gunsten hat die Regierungskommission mehrfach mit Unterstützungen einzugreifen Veranlassung genommen. An ihrem endgültigen Schicksal hat auch der Franken nichts geändert.

Mit zunehmendem Frankenumlauf kam die saarländische Landwirtschaft in eine schwierige Lage. Da ihre Erzeugnisse nur einen geringen Teil des Verbrauches ausmachten, wurde deren Preis durch die Markpreise der aus Deutschland kommenden Mengen bestimmt. Andererseits hatten die Landwirte ihre Ausgaben für die von der Saarindustrie erzeugten künstlichen Düngemittel in Franken zu bezahlen. Doch waren die Landwirte dagegen machtlos, trotz mancher Beschlüsse, Franken zu fordern, die sich gelegentlich unter den Tagesnachrichten fanden. Nur für Milch, für die naturgemäß eher eine Monopolstellung besteht, gelang es ihnen, ihren Willen durchzusetzen. Als die Landwirtschaftskammer im Dezember 1921 für sie Franken zu fordern beschloß, gab die Regierung die Milchwirtschaft frei. Bald darauf entschloß sich die saarländische Forstverwaltung, Frankenpreise zu nehmen.

Im Laufe des Jahres 1922 findet man immer häufiger die Forderung auf Angleichung der Franken- und Marklöhne. Besonders die freien Gewerkschaften erheben sie. Gemeint sein konnte nur die Hebung der Marklöhne auf die Höhe der Frankenlöhne. Der anfangs große Vorteil der Frankenlöhne hatte sich immer mehr vermindert, um so mehr, als der im Laufe des Jahres 1921 eingetretene Lohnabbau sich auswirkte. Am 12. November 1922 forderte der Kongreß der freien Gewerkschaften zum ersten Male offen die Lösung der Verwirrung durch gesetzliche Einführung der Frankenwährung, nicht ohne die Regierung für die herrschenden Zustände verantwortlich zu machen.

Mitte 1922 sind schon viele Kleinhändler dazu übergegangen, ihre aus Elsaß-Lothringen bezogenen Waren gegen Franken zu verkaufen. Das immer schnellere Tempo der Markentwertung in der zweiten Hälfte des Jahres 1922 zwang dann immer weitere Kreise zur Frankenforderung. Fuhrunternehmer, Zeitungen, Theater und andere in bunter Folge gehen zu ihr über. Schließlich gingen

Mark- und Frankenpreise wirr durcheinander. Es kam vor, daß man im Wirtshaus für ein Gericht einen aus Mark und Franken zusammengesetzten Preis zu zahlen hatte, wenn einige der Bestandteile aus Frankreich, andere aus Deutschland bezogen waren.

Endlich mußten auch die Mark zahlenden Industrien zum Franken übergehen. 1921 hatten deren Frankeneinnahmen gerade ausgereicht, die Frankenpreise für Kohlen, Eisen und Frachten zu zahlen. Weitere Frankenunkosten konnte man damals nicht auf sich nehmen, sondern zahlte lieber Marklöhne, die infolge der Teuerung wesentlich höher waren als im Reich. Allmählich kamen mehr Frankenbeträge herein, und seit November 1922 entschloß sich die weiterverarbeitende Eisenindustrie, die als Musterbeispiel für alle markentlohnenden Industrien gelten kann, zu gleitenden Löhnen, die aus einer Grundzahl bestanden und einem Multiplikator, der zu 90% von der Teuerungszahl und zu 10% vom Frankenkurse bestimmt war. Bald begann man, den vom Frankenkurse bestimmten Teil des Lohnes in Frankenwährung auszuzahlen. Am 1. Februar 1923 erhöhte man den Frankenbestandteil des Lohnes auf 30%, am 1. März auf 50%. Mit der Währungsverordnung am 1. Juni ging man dann zur vollen Frankenlöhnung über [1]).

4) Der Franken alleinige gesetzliche Währung.

a) Der Entwurf der Währungsverordnung.

Am 3. März 1923 veröffentlichte die französische Lothringer Volkszeitung den Text einer Verordnung [2]) zur Einführung des Franken als gesetzlicher Währung im Saargebiet, die die Saarregierung im Begriffe stehe, bekanntzugeben. Es ist politisch nicht ohne Reiz, daß der Wortlaut des Währungsverordnungsentwurfs durch eine französische Zeitung an die Öffentlichkeit gekommen ist.

Im § 1 dieses Entwurfes, den die Saarregierung bald darauf dem Landesrat vorlegte, wird die französische Frankenwährung zum alleinigen gesetzlichen Zahlungsmittel im Saargebiet bestimmt. Der § 2 hat folgenden Wortlaut:

„Ist eine in einer im Saargebiet nach § 1 nicht gesetzlichen Währung ausgedrückte Geldschuld im Saargebiet zu zahlen oder lautet ein Wechsel auf eine im Saargebiet nicht gesetzliche Währung oder auf eine Rechnungswährung, so muß die Zahlung in dem nach § 1 gesetzlichen Gelde erfolgen.

Die Umrechnung erfolgt nach dem Kurswerte, der zur Zeit der Zahlung für den Zahlungswert maßgebend ist."

---

[1]) Selbst diese letzte zwangsläufige Entwicklung hat man in Frankreich noch durch politische Mittel zu beschleunigen gesucht. So machte die französische Regierung die Zulassung der Steingutfabrikate der Firma Villeroy & Boch in Mettlach zur Einfuhr nach Frankreich abhängig von der Zahlung von Frankenlöhnen ab 1. Januar 1923 neben anderen auf Überfremdung hinzielenden Bedingungen.

[2]) Vgl. Anhang.

Diese Bestimmung begegnete allgemein den heftigsten Angriffen. Denn sie untersagte jeglichen Geldverkehr im Saargebiet in nicht gesetzlichen Währungen. Dieses Verbot war in einem industriellen Exportlande wie dem Saargebiet insbesondere für die Banken und den Außenhandel vollkommen unerträglich. So wurden denn auch in der endgültigen Verordnung Banken und Außenhandel von diesem Verbote befreit. Immerhin wirft es auf die wirtschaftliche Weisheit der Regierungskommission ein bezeichnendes Licht, daß ein kaum in einem Bauernstaate erträgliches Monstrum wie dieser § 2 überhaupt das Licht der Welt erblicken konnte.

Der § 3 bestimmte, daß die Währungsänderung keine rückwirkende Kraft haben solle.

Die Regierung gab ihrem Verordnungsentwurf eine ausführliche Begründung mit, die die Fortschritte des Frankenumlaufs und die Wirkungen der Markinflation schilderte: wie der Franken bei den Bergwerken auf Grund des Friedensvertrages am 1. Juli 1920 begonnen habe, wie am 1. Mai 1921 Bahn und Post gefolgt seien und wie seit der Verordnung vom 2. August 1921 der Währungsdualismus nicht nur Tatsache, sondern auch Rechtszustand geworden sei und viele Gebühren und Geldstrafen in Franken erhoben würden.

Für die Verwaltung der öffentlichen Finanzen sei es unmöglich, das Gleichgewicht des Budgets zu erreichen. Nur die Eingänge aus der Kohlensteuer und der Lohnsteuer könne man berechnen, da sie in Franken erfolgten. Die öffentlichen Unternehmungen seien gezwungen, fast alle ihre Rohstoffe, Kohlen, Eisen, Stahl und elektrischen Strom in Franken zu bezahlen. Ihre Eingänge dagegen erhielten sie in Mark. Man stehe vor der Notwendigkeit, die durch die Inflation zerstörte Sozialversicherung neu aufzubauen. Im Wirtschaftsleben habe die Markentwertung dazu geführt, daß an Stelle der Kalkulation die Spekulation getreten sei. Entwertungsaufschläge, ständige Preissteigerung und allgemeine Verwirrung seien der herrschende Zustand. Kurz, alle nur zu wohlbekannten Begleiterscheinungen einer Geldentwertung wurden dargestellt.

b) Die Währungsverordnung.

Am 22. Mai 1923 wurde die „Verordnung betreffend die gesetzliche Währung im Saargebiet“ [1]) in ihrer endgültigen Gestalt veröffentlicht. Als alleiniges gesetzliches Zahlungsmittel im Saargebiet bestimmte sie die französische Währung. Der veränderte § 2 lautet:

„Verträge und Geschäfte aller Art müssen in der gesetzlichen Währung getätigt werden.

Geschäfte der Banken und des Außenhandels können in einer anderen als der gesetzlichen Währung getätigt werden. Welche Geschäfte unter diese Ausnahmen fallen, bleibt der jeweiligen Regelung durch die Regierungskommission vorbehalten.“

---

[1]) Amtsblatt 13, S. 114, vgl. Anhang.

Ist eine Geldschuld aus Bank- oder Außenhandelsgeschäften in fremder Währung zu zahlen, so kann sie trotzdem in Franken zum Tageskurse erfolgen, wenn nicht die Effektiv-Klausel ausdrücklich beigefügt ist (§ 3).

Zurzeit bestehende Schuldverhältnisse bleiben unberührt, doch muß nach dem 1. Januar 1924 die Zahlung in Franken erfolgen (§ 4).

An Stelle der Markbeträge in den Gesetzen und Verordnungen treten Frankenbeträge in gleicher Höhe. Die seit dem 11. November 1918 eingetretenen Erhöhungen bleiben unberücksichtigt (§ 5).

Sparkassenwesen und Aktienrecht wird auf Franken umgestellt (§ 10 und 11). Alle bei den Amtsgerichten eingetragenen juristischen Personen haben bis zum 31. Dezember sich auf Franken umzustellen und eine Frankenbilanz zu veröffentlichen (§ 7). Eine besondere Anlage zu diesem § 7 regelt im einzelnen dieses Verfahren.

Mündelgeld darf nur in auf die gesetzliche Währung lautenden Wertpapieren angelegt werden (§ 8). Eine besondere Verordnung bestimmt als solche:

„1. die Anleihen der saarländischen Gemeinden und Gemeindeverbände sowie der anderen saarländischen Körperschaften des öffentlichen Rechtes,

2. die Wertpapiere des französischen Staates,

3. die Wertpapiere, die der Bürgschaft des französischen Staates unterliegen,

4. die von der Regierungskommission genehmigten Anleihen der Immobilien-Kreditinstitute des Saargebiets."

Die Verordnung trat am 1. Juni 1923 in Kraft. Die saarländischen Wirtschaftskreise und der Landesrat haben an ihr nach besten Kräften mitgearbeitet und zu ihrer Verbesserung wesentlich beigetragen. In der entscheidenden Abstimmung lehnte der Landesrat, der nur beratende Stimme hat, die Vorlage einstimmig ab. Die Mitarbeit an der Vorlage erscheint trotzdem voll berechtigt. Erstens weil es insbesondere gelang, dem unsinnigen § 2 eine bessere Gestalt zu geben, dann aber auch, weil die Mark zu offenbar der Katastrophe zutrieb, die im Saargebiet der Lage der Dinge nach früher eintreten mußte als im Reich. Wer sich zu lange widersetzt hätte, wäre, wie sich der Syndikus der Saarbrücker Handelskammer Dr. Schlenker etwas später ausgedrückt hat, Gefahr gelaufen, „von alten Weibern mit Besenstielen totgeschlagen zu werden," eine Gefahr, der die deutsche Reichsregierung zweifellos nur mit knapper Not entgangen ist.

Die wichtigsten Bestimmungen der Währungsverordnung, deren Kenntnis für das Verständnis der späteren Entwicklung notwendig ist, enthalten die §§ 2 und 3. Sie bestimmen, daß alle Geschäfte in französischer Währung getätigt werden müssen, mit Ausnahme von Bank- und Außenhandelsgeschäften, und daß auch für diese Geschäfte die Zahlung in fremder Währung nur dann gefordert werden darf, wenn die Effektivzahlung ausdrücklich vereinbart ist. Die Patenschaft zu dieser Bestimmung dürfte der deutschen Devisengesetzgebung zukommen. Deren sich nur zu deutlich zeigender Mißerfolg hat die Saarregierung von einer Wiederholung nicht abhalten können. Ein auffallender Mangel an eigenen schöpferischen Gedanken zeichnet die meisten ihrer Amtshandlungen aus.

c) Die Frage der rechtlichen Zulässigkeit der Währungsordnung.

Die juristische Zulässigkeit der Währungsverordnung dürfte recht zweifelhaft sein. Die Gründe der deutschen Protestnote wegen der Frankeneinführung bei Bahn und Post vom 18. April 1921 gelten auch hier. Der § 32 des Saarstatuts, der den Gruben den Gebrauch des Franken ausdrücklich gestattet, setzt voraus, daß die Mark gesetzliche Währung sei. Der chinesische Vertreter Wellington Koo, der am 20. Juni 1921 über diese Frage im Völkerbundsrat zu berichten hatte, war allerdings anderer Meinung: „Der Vertrag bestimmt nicht, daß die Mark als einzige gesetzliche Währung oder auch überhaupt nur als gesetzliche Währung des Saarbeckens bewahrt werde. Der erste Absatz des § 32 ist vereinbar mit der Beibehaltung der Mark, aber er fordert sie nicht [1]." Schließt man sich dieser Auslegung an — ein rechtswirksamer Einspruch gegen sie ist schon deshalb nicht möglich, weil es auch die Auslegung der Regierungskommission ist und der § 33 ihr die Kompetenz in Aus-

[1]) Herly, L'Introduction du Franc dans la Sarre S. 157. Herly fügt eine weitere Begründung hinzu: „Nach dem Wortlaut des § 19 des Vertrages hat die Regierungskommission „die volle Verfügung zur Verwaltung und zur Ausbeutung der Eisenbahnen, der Kanäle und der verschiedenen öffentlichen Betriebe". Man kann also die Regierungskommission als öffentliche Gewalt unterscheiden von der ausbeutenden Regierungskommission, der Regierungskommission als Arbeitgeber. Die erste hat die Macht, irgend einen öffentlichen Betrieb einer privaten Unternehmung zu übertragen, sie kann aber seine Verwaltung ebenso gut sich selbst vorbehalten. Sie kann also in ihrer Eigenschaft als Arbeitgeber den Gebrauch des französischen Geldes bestimmen und sich dieser Entscheidung widersetzen, wäre ein Verbot oder eine Einschränkung im Sinne des § 32. Im übrigen, wenn sie „die volle Verfügung" hat, wie dann diese beschränken?"

Diese Begründung scheint mir keineswegs stichhaltig. Im kaiserlichen Deutschland z. B. hatte der preußische Staat die „volle Verfügung" als „Arbeitgeber" über seine Staatsbahnen. Trotzdem konnte er nicht plötzlich die Tarife auf eine ausländische Währung umstellen, da das gegen die Währungsgesetze verstoßen hätte. Die gesetzliche Währung hat gesetzlichen Kurs, die Kassen der Staatsbahn sind also zu ihrer Annahme verpflichtet. Lediglich aus ihrem Rechte „als Arbeitgeber" kann die Bahnverwaltung die Währung nicht wechseln. Vielmehr müßten die Kassen der Bahn vorher von ihrer Eigenschaft als öffentliche Kassen und den daraus folgenden Pflichten gegenüber der weiterhin bestehenden gesetzlichen Währung entbunden werden. Oder aber die Bestimmungen über die gesetzliche Währung selbst müßten geändert werden. Auch nach der Verordnung vom 2. August wären die Kassen der Bahn rechtmäßig immer noch zur Annahme von Franken und Mark, den beiden gesetzlichen Landeswährungen, verpflichtet gewesen.

legungsfragen gibt —, so sind alle Akte der Regierungskommission als rechtmäßig erfolgt zu betrachten, da ihr „alle Regierungsgewalt, die früher dem Deutschen Reiche, Preußen und Bayern zustand", gegeben ist und da „die Gesetze, die vor dem 11. November 1918 in Kraft waren", zwar in Kraft bleiben sollen, aber doch „nach Anhörung der gewählten Vertreter der Einwohner ... aus Gründen der allgemeinen Ordnung" geändert werden können.

Der Landesrat des Saargebiets stützte seine Ablehnung der Währungsverordnung in der Sitzung am 29. April 1923 auf drei Gründe:

erstens sei sie ungesetzlich, da es der Hauptgedanke des Versailler Vertrages sei, möglichst alles unverändert zu lassen. Die deutschen Gesetze, mit Ausnahme der Kriegsgesetze, müßten in Geltung bleiben. Die Regierung könne zwar die Vertragsbestimmungen rechtsverbindlich auslegen, aber hier sei die Veränderung so groß, daß die Übereinstimmung aller Signatarmächte erforderlich sei;

zweitens schaffe die vorgeschlagene Änderung einen Zustand, der die Entscheidung des Völkerbundes beeinflussen könne, wenn er nach der Volksabstimmung über das Schicksal des Landes zu entscheiden haben werde;

drittens sei auch der Franken keine stabile Währung[1]).

Jedenfalls sah der Landesrat mit Recht keine Veranlassung, für diese Maßnahme einer ungebetenen und landfremden Regierung die Mitverantwortung zu übernehmen.

In Deutschland ist die Einführung des Franken als gesetzlicher Währung über den Wirren des Ruhrkampfes kaum beachtet worden. Die französische Presse begleitete die Nachricht mit dithyrambischen Leitartikeln.

5. Schlußbetrachtung über die Frankeneinführung.

a) Zusammenfassung der Ereignisse.

Es ist im vorhergegangenen der Versuch gemacht worden, das Schicksal der Papiermark im Saargebiet zu schildern. Die Hauptlinien seien noch einmal kurz zusammengefaßt:

Im Juli 1920 entschließt sich die französische Bergwerksdirektion, von ihrem Rechte Gebrauch machend, ihre Arbeiter, mit Angehörigen fast die Hälfte der Saarbevölkerung, in Franken zu entlohnen. Die hohen und stabilen Frankenlöhne ziehen weitere Frankenforderungen nach sich. Im Dezember 1920 folgt ihr die überfremdete Hüttenindustrie auf Befehl von Paris hin, nachdem sie vorher den entgegengesetzten Standpunkt eingenommen hatte, in der Zahlung von Frankenlöhnen. Die erhebliche Stärkung der Kaufkraft treibt das saarländische Preisniveau plötzlich und für die Dauer der deutschen Inflation weit über die deutsche Preishöhe.

[1]) Nach Herly, S. 162 f.

Die dadurch hervorgerufenen höheren Produktionskosten der Saarindustrie im Vergleich zur innerdeutschen stürzt diese in eine langdauernde Absatzkrise, die man im Laufe des Jahres 1921 durch Kohlenpreisherabsetzung und Lohnabbau im Bergbau und Hüttenwesen zu mildern sucht. Im Mai 1921 stellt die Regierung zur Behebung des Defizits Bahn und Post auf Franken um. Die sich beschleunigende Markentwertung läßt ein Festhalten an der Mark dem Lohn- und Gehaltsempfänger immer unvorteilhafter erscheinen. Im August 1921 machen die Staatsbeamten von ihrem Rechte, Frankengehälter zu fordern, Gebrauch. Im November 1921 zwingt die Regierung die Gemeinden mit Güte und Gewalt, ihre Beamten und Angestellten in Franken zu bezahlen und den Haushalt auf Franken umzustellen. Im Laufe des Jahres 1922 dringt der Franken immer stärker in Handel und Verkehr ein. Schließlich gehen Mark- und Frankenpreise völlig durcheinander. Die im Herbst 1922 beginnende astronomische Inflation vertreibt die Mark endgültig aus dem Verkehr. Die völlige Herrschaft des Franken ist fast erreicht, als die Regierungskommission ihn zur alleinigen gesetzlichen Währung macht. Diese Verordnung bestätigt nur einen schon bestehenden Zustand.

b) Die Gründe des Erfolges der Frankenpolitik.

Das Vordringen des Franken im Saargebiet scheint im Widerspruch zu stehen mit der Erfahrung, daß bei gleichzeitigem Umlauf einer besseren und einer schlechteren Geldsorte — sei es in Gestalt einer Doppel- oder einer Parallelwährung — die bessere aus dem Verkehr verschwindet. Dieser Widerspruch ist nur scheinbar. Es muß dem unbefangenen Beobachter auffallen, wie lange sich die Mark im Wettbewerb mit dem Franken gehalten hat. In dieser Tatsache verbirgt sich das eben angeführte Erfahrungsgesetz. In der ersten Zeit des Frankenumlaufs im Saargebiet diente das französische Geld lediglich als Sparmittel. Eine entsprechende Rolle spielten die fremden Devisen in späteren Abschnitten der Inflation auch in den anderen Teilen des Reichs, spielte die Rentenmark in den ersten Wochen der Stabilisierung, und dasselbe bedeutet die Zurückziehung der besseren Geldsorten aus dem Verkehr in den geschichtlichen Beispielen der Münzverschlechterung. Daß die Mark sich so lange im Umlauf behauptete, besagt eben, daß dieses Zahlungsmittel nach Möglichkeit von jedem abgestoßen wurde, der die Macht dazu hatte, und diese Macht hatte im Saargebiet der Käufer, nicht der Verkäufer: denn der saarländische Markt wurde — noch zollfrei gegen Deutschland — beherrscht vom deutschen Inflationsangebot, dem Angebot zu Papiermark und Inlandspreis. Dem hatte der saarländische Händler sich zu fügen. Nur in Fällen, in denen eine Monopolstellung vorlag, gelang die Frankenforderung, wie im Falle der Milchversorgung. Daß Eisenindustrie und Kohlenbergwerke diese Tatsachen mißachteten, war die Ursache ihrer Absatzschwierigkeiten. Je mehr die reichsdeutschen Preise in den späteren Abschnitten der Inflation sich den Weltmarktpreisen annäherten, um so stärker wurde die Stellung der Verkäuferseite, um so häufiger gelang die Frankenforderung; das Schicksal der Mark war entschieden, als durch Ruhrkampf, Rheinzollgrenze und Stillegung der rheinischen Bahnen die deutsche Einfuhr in das Saargebiet gesperrt war und das französische Angebot herrschte. Erst dann konnte es zur Repudiation der Mark kommen.

c) Die wirtschaftspolitischen Ziele der Frankenpolitik.

Das Ziel, das die französische Politik mit der Einführung des Franken in ein Gebiet, dessen Annexion geplant und erhofft war, verfolgte, erscheint mit dem Schlagwort „pénétration pacifique" klar umschrieben. Unter dem besonderen Gesichtspunkte der Währungspolitik schien es überdies von Vorteil zu sein, die Produktivkraft des Saargebiets zur Stützung der gleitenden französischen Währung zu gewinnen, d. h. die Saarindustrie in das eigene Geldsystem einzubeziehen und ihre Erzeugnisse zu exportieren. Bemerkenswert erscheint der Zeitpunkt, an dem die saarländische Währungsverordnung vorbereitet und veröffentlicht wurde. Anfang Februar 1923 war der Markwert von 42 250 auf 20 000, d. h. um 60%, gehoben worden und blieb bis Mitte April stabil, während der Frankenwert im gleichen Zeitabschnitt von 12 auf 16 fiel [1]). Gerade in diese Periode fällt die Saarländische Währungsverordnung. Es liegt hier nahe, darauf hinzuweisen, daß der gesetzlich unkontrollierte Umlauf französischer Noten im Saargebiet für die französische Währung eine Gefahr in sich schloß in dem Augenblick, in dem die deutsche Währung stabilisiert wurde. Das unstabile französische Notengeld wäre dann von der Bevölkerung abgestoßen worden, und das Angebot einer Notenmenge von etwa 500 Millionen Franken an ausländischen Börsen bedeutete eine ebenso schwere wie unkontrollierbare Gefährdung des Devisenkurses. Das hatte die Geschichte der deutschen Inflation deutlich bewiesen. Waren die französischen Noten alleiniges Währungsgeld, so konnte man gesetzliche Maßnahmen gegen diese Gefahr treffen, wie das auch die Währungsverordnung tat [2]).

Sofern die französische Währungspolitik bei der Frankenpolitik an der Saar die Stützung der eigenen Währung durch Ausnutzung

---

[1]) Beide Kurse im Verhältnis zum Dollar.

[2]) Christmann, a. a. O. S. 97. Man mag über die Bedeutung dieses Arguments verschiedener Meinung sein. Jedenfalls scheint mir Christmann erheblich zu weit zu gehen, wenn er die gesamte Frankenpolitik im Saargebiet unter anderem der Absicht zuschreibt, die schon 1919 eingedrungene Notenmenge gesetzlich zu binden. Die Handelsbilanz zwischen Saar und Frankreich ist 1919 für das Saargebiet passiv. Der unkontrollierte Handel kann, was den Export nach Frankreich betrifft, bei der völligen Materialentblößung Deutschlands bei Kriegsende keine große Bedeutung gehabt haben. Im Juli 1920 ist die Frankenlöhnung der Bergarbeiter bereits vollzogen.

der saarländischen Produktivkraft im Auge hatte, scheint sie nicht ganz folgerichtig gehandelt zu haben. Denn die Notenmenge, die im Jahre 1920 zur Löhnung der Bergarbeiter benötigt wurde, konnte nur auf dem Wege der Inflation gewonnen werden. Anders steht es mit den späteren Umlaufsvermehrungen. Die Handelsbilanzen zwischen Saargebiet und Frankreich sind für die Jahre 1920 bis 1922 stark passiv, besonders — gleich der französischen Gesamtaußenhandelsbilanz — für 1920. In diesen Jahren mag ein Teil des Imports aus dem Saargebiet in Noten bezahlt worden sein, eine Stärkung der Bestrebungen, diesen Import durch Hebung des saarländischen Preisniveaus abzudrosseln, die Notenmenge im Saargebiet gesetzlich zu binden und den Exportüberschuß des Saarlandes sich selbst nutzbar zu machen.

2. Kapitel: Die Frankenentwertung.

1. Frankenentwertung und Kreditpolitik.

a) Die Umwälzung der saarländischen Produktionsbedingungen durch Markstabilisierung und Frankeninflation.

Die Währungsverordnung hatte das Verschwinden der Mark auch aus den Teilen des Verkehrs zur Folge, in denen sie sich bis zuletzt noch gehalten hatte, d. h. vor allem aus dem Einzelhandel. Die Regierung setzte eine Kommission ein, deren Aufgabe es war, die Umstellung der Preise in Franken zu überwachen und eine Verteuerung zu verhüten. Sie erreichte ihr Ziel nicht. Die Preisumstellung führte zuerst zu einer weiteren erheblichen Verteuerung gegenüber dem Reiche, da die Papiermarkpreise des Reiches nicht so schnell stiegen, wie es der Markentwertung entsprochen hätte. Aber auch der Frankenindex des Saargebiets zeigt seit Februar 1923 eine stürmische Steigerung. Diese Steigerung hat einen doppelten Grund; den einen in dem seit der gleichen Zeit unregelmäßig, aber mit wachsender Beschleunigung ansteigenden Pariser Dollarkurse; den anderen in der Tatsache, daß die von Deutschland gewährten Inlandspreise nach und nach unwirksam wurden, da sich dort in zunehmendem Maße die Goldrechnung durchsetzte. Die deutschen Inlandspreise hatten das saarländische Preisniveau trotz des sich immer mehr ausdehnenden Frankenumlaufs unter der französischen Höhe gehalten. Jetzt, mit dem Fortfall der Wirksamkeit der Inlandspreise mußte der saarländische Index die dadurch entstandene Senkung gewissermaßen nachholen und darüber hinaus noch den steigenden Devisenkursen folgen. Hierdurch erklärt sich das ungewöhnliche Emporschnellen des Saarbrücker Lebenshaltungsindex in Franken von Januar bis Oktober 1923. Später folgt er im wesentlichen den Devisenkursen [1]).

Aber noch eine weitere Folge hatte dieses Hinaufschnellen. Seit der Frankeneinführung stand das saarländische Preisniveau über dem des Reiches, aber unter dem französischen. Es drückte

---

[1]) Vgl. Schaubild 3.

Sc

Frankeninc

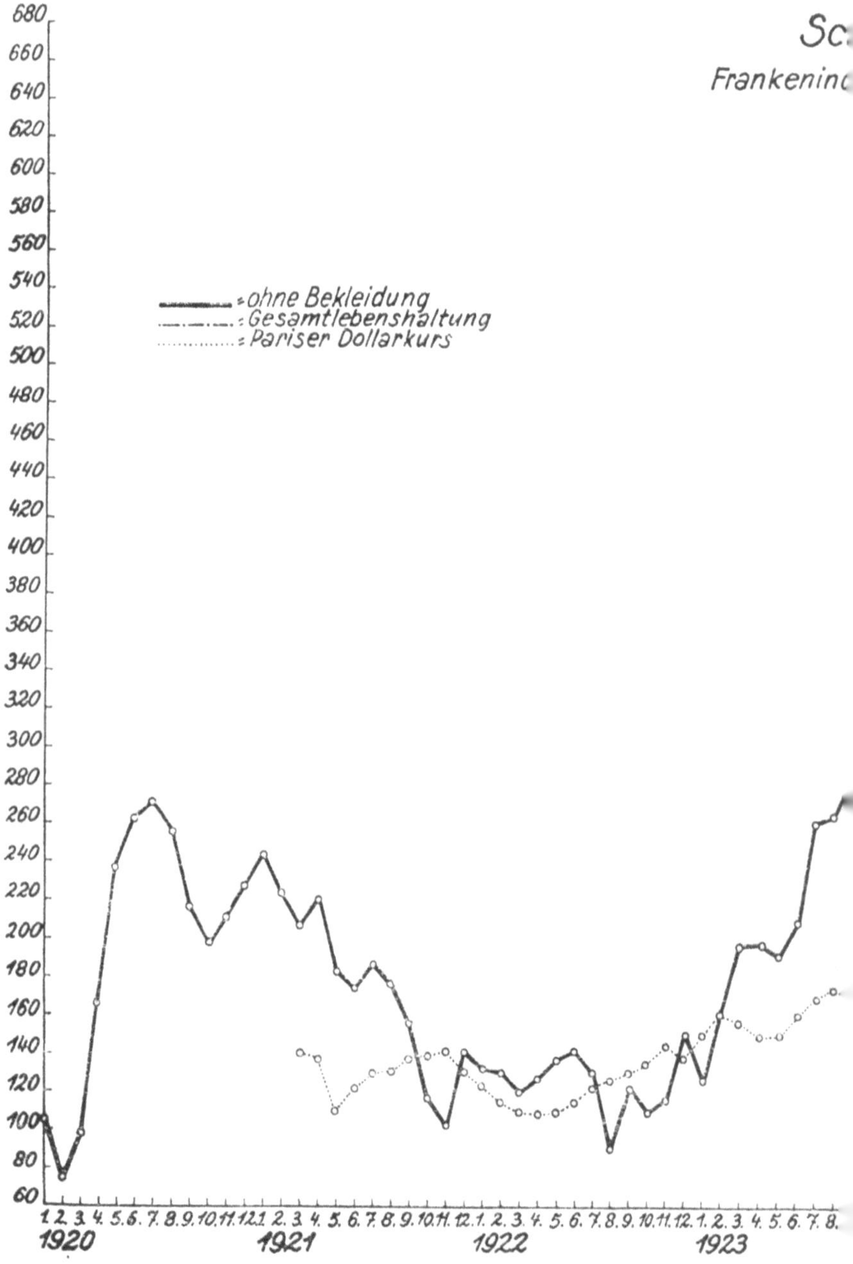

ild 3.

r Stadt Saarbrücken

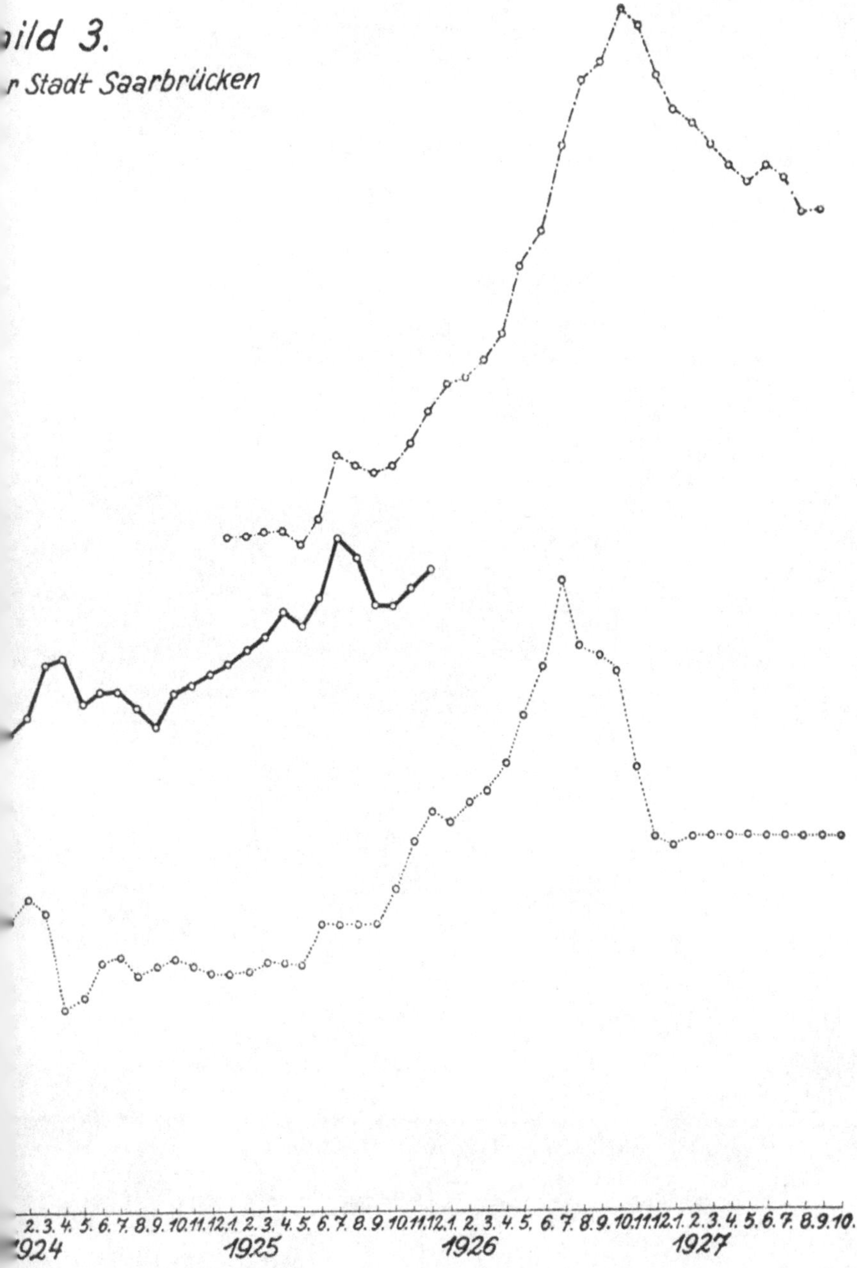

sich hier — außer dem Frankenumlauf — der verteuernde Einfluß des valutabesseren Landes auf das Grenzgebiet des Inflationslandes aus. Jetzt aber ging das Inflationsland zur Goldrechnung und bald darauf zur Goldwährung über. Das valutabessere Land aber wurde Inflationsland. Dementsprechend sank das französische Preisniveau unter das deutsche, während das des wieder zum Inflationsgrenzland verurteilten Saargebiets über das französische stieg, um wiederum die Mitte zwischen beiden einzunehmen [1]).

Das Anwachsen der Lebenshaltungskosten des Saargebiets über die Frankreichs ist in der Bewegung der nach gleichen Grundsätzen errechneten Indexziffer von Straßburg und Saarbrücken deutlich zu erkennen.

	Straßburg	Saarbrücken		Straßburg	Saarbrücken
1923			1924		
Juni	364	354	Januar	419	434
Juli	371	360	Februar	425	441
August ..	383	375	März ..	445	459
September	389	398	April ..	433	453
Oktober .	397	393	Mai ...	422	425
November	400	406	Juni ..	431	441
Dezember	406	414	Juli ...	412	454

Die Steigerung der saarländischen Preise rief bei der Bevölkerung erhebliche Unruhe hervor. Die frankenentlohnenden Industrien sahen sich gezwungen, ihre seit dem zweimaligen Lohnabbau des Jahres 1921 stabil gebliebenen Löhne zu erhöhen. Im Oktober kam es zu großen Teuerungsdemonstrationen der Gewerkschaften, die sich, wenn auch erfolglos, gegen die die lothringischen Preise übersteigende Teuerung wandten.

b) Kreditnot als Folge der Frankenentwertung.

Mit der Einführung des Franken als gesetzlicher Währung hatten die Saarländer die eine inflationistische Währung mit der anderen vertauscht. Doch hatten sie jetzt ihre Erfahrungen bei der Mark schon gesammelt und standen überdies dem Franken viel nüchterner und frei von den die rein kaufmännische Handlungsweise hemmenden Gefühlsbeziehungen gegenüber. Man war von vornherein nicht gewillt, sich dem sinkenden Franken mehr als unbedingt nötig anzuvertrauen, ging vielmehr so weit wie möglich zur Rechnung auf wertbeständiger Grundlage über. Alle Guthaben wurden möglichst auf Goldbasis angelegt, was zur Folge hatte, daß sie nur als wertbeständige Kredite der Wirtschaft zufließen konnten.

[1]) Vgl. die Schaubilder 4 und 5.

Infolge der mit jeder Inflation verbundenen und durch die Kapitalumstellung noch vermehrten Geldknappheit sah sich die saarländische Wirtschaft sehr bald nach Krediten um. Da zeigte

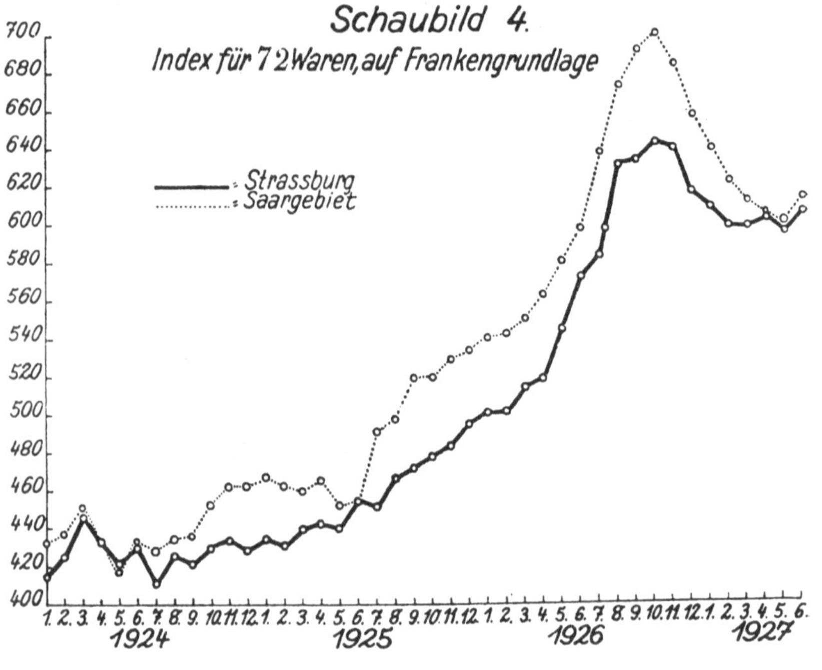

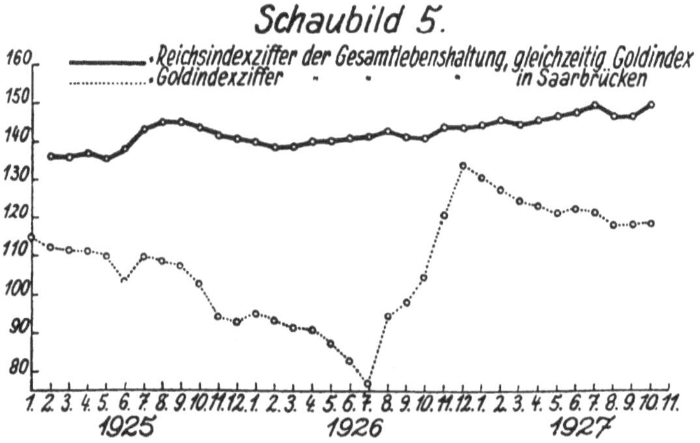

sich, daß Frankenkredite nicht zu erhalten waren, sondern nur wertbeständige Kredite, die insbesondere für den gegen Franken verkaufenden Einzelhandel eine außerordentlich gefährliche Belastung darstellen mußten.

c) Die Kreditpolitik der Bank von Frankreich.

Das Fehlen von Frankenkrediten lag in der Haltung der Bank von Frankreich begründet. Der Gouverneur der Bank von Frankreich stellte sich auf den Standpunkt, die Frankeneinführung im Saargebiet sei aus politischen Gründen und gegen seinen Willen erfolgt. Er sei nicht in der Lage, die ohnehin schon gleitende französische Währung durch Erweiterung der Kredithergabe noch mehr zu schwächen.

Einheimische saarländische Banken konnten infolgedessen bei der Bank von Frankreich keine Wechsel diskontieren. Das war nur möglich durch die kreditverteuernde Zwischenschaltung einer französischen Bank. Außerdem mußten die Wechsel die Unterschrift einer französischen Firma tragen. Diese Maßnahme gab den französischen Banken eine ausgesprochene Vormachtstellung, da es nahe lag, sich direkt an die französische Bank zu wenden.

Mit der französischen Besatzung hatte sich im Saargebiet auch eine Reihe von großen französischen Banken festgesetzt, zu deren Nutzen jetzt diese Kreditregelung gehen sollte. Es sind dies

die Banque du Rhin mit dem Sitz in Nancy, Straßburg und Paris,

die Allgemeine Elsässische Bankgesellschaft in Straßburg (Société Générale Alsacienne de Banque),

die Banque Nationale de Crédit,

die Landesbank des Saargebiets (Banque Régionale de la Sarre), eine Gründung der Société Nancéinne de Credit Industriel et des Dépots in Nancy, und endlich

die Bank für Saar und Rheinland (Banque de la Sarre et des Pays Rhénans), eine Gründung der Banque d'Alsace-Lorraine, der Banque de Mulhouse und der Bank Staehling, Valentin & Cie.

Dazu kommt noch die von französischen Banken und Montangesellschaften gegründete Zentralkasse für Immobilienkredit in Saarbrücken [1]).

Ihre Aufgabe nach Einführung des Franken als gesetzlicher Währung umschreibt ein Artikel der Journée Industrielle vom 22. November 1923 sehr genau. Sie hätten an die Stelle der deutschen Banken zu treten und der saarländischen Wirtschaft die Kredite in der neuen Währung zu vermitteln „. . . leur devoir est de dépasser considérablement les groupes allemands, au point de les annihiler en matière d'escompte de papier sarrois libellé en francs français.

„Elles s'assureraient, par ces moyens, une prépondérance dans le pays, que les circonstances actuelles devraient nécessairement amener à se rattacher à la France.

„On remarque d'ailleurs à ce point de vue, que l'emprise de la

---

[1]) Die wichtigsten deutschen Banken im Saargebiet sind: die Reichsbanknebenstelle Saarbrücken, die Deutsche Bank, die Diskontogesellschaft, die Rheinische Creditbank sowie die beiden einheimischen Banken von Grohé, Henrich & Co. und Gebrüder Röchling.

Prusse sur le pays tend à décroître. Mais il y a là évidement un effort constant pour les pionniers de la civilisation française installés en Sarre, dont les banquiers doivent être, de par leurs fonctions, le plus puissant atout.“

Das Vorgehen der Bank von Frankreich führte zu sehr entschiedenen Protesten der saarländischen Wirtschaft. Man wies darauf hin, daß die selbstverständliche Ergänzung des Münzregals die Kreditgewährung sein müsse. Nur dann erfülle der Franken wirklich die Funktion einer gesetzlichen Währung. So aber handle es sich bei der Entwertung des Franken um eine Inflationsbesteuerung des Saargebiets zugunsten Frankreichs. Man wies ferner darauf hin, daß die Bank von Frankreich dem französischen Staate für die Überlassung des Notenemissionsrechtes in Elsaß-Lothringen eine Vergütung zahle, die er der Wirtschaft dieser Provinzen in Form von landwirtschaftlichen und gewerblichen Krediten zufließen lasse. Ein gleiches sei für das Saargebiet zu fordern. Auch müsse der französische Staat dem Saargebiet die Beträge, die er ihm durch die unberechtigte Inflationsbesteuerung entziehe, wieder zugute kommen lassen.

Alle diese Proteste hatten nur einen äußerst geringen Erfolg. Die Regierungskommission antwortete, die Zurückweisung eines Wechsels wegen mangelnder französischer Unterschrift solle nicht mehr erfolgen. Doch müsse die Bewertung der Unterschriften der Bank von Frankreich, die ein Privatinstitut sei, überlassen bleiben. Auch sollten französische und „saarländische“ Banken (im Gegensatz zu „deutschen“) gleichgestellt werden. Die Unterscheidung zwischen saarländischen und deutschen Banken gab zu neuen Protesten Anlaß. Praktisch blieb alles beim Alten. Aus Gründen der Fassade wurden einige kleine saarländische Firmen in die Reihen der kreditempfangenden Kunden aufgenommen, von wirtschaftlicher Bedeutung war die Maßnahme nicht. Die großen deutschen Banken hielten es für unter ihrer Würde, sich den französischen Bedingungen zu fügen und den Umweg über eine französische Bank zu machen.

d) Die Verstärkung der Kreditnot durch die Art der Anlage der öffentlichen Gelder.

Die Kreditnot erfuhr eine große Verstärkung durch die von der Regierungskommission selbst getriebene Geldpolitik. Denn die unter französischer Leitung — der des schon oben genannten Dr. Labie — stehende Finanzabteilung legte die aus Steuern und sonstigen Einnahmen stammenden Gelder der Regierung ausnahmslos zu niedrigem Zinsfuß bei französischen Banken an. Diese liehen die aus der saarländischen Wirtschaft stammenden Gelder dann nach Frankreich hin aus. Die deutschen Banken des Saargebiets erhielten nichts, so daß auch diese Möglichkeit, zu Frankenkrediten zu gelangen, verschlossen blieb.

Im Dezember 1924 wurden folgende Zahlen über Anlage von Regierungsgeldern in der Tagespresse bekannt. Es waren angelegt:

bei der Landesbank des Saargebiets	30 000 000 frcs.
bei der Allgemeinen Elsässischen Bankgesellschaft	22 000 000 „
bei der Banque du Rhin	8 000 000 „
bei der Bank für Saar und Rheinland	7 500 000 „
bei der Banque Commerciale de la Sarre	1 000 000 „

Es handelte sich um langfristige Darlehen zu verschiedenen, für Inflationsverhältnisse sehr geringen Zinssätzen, in keinem Falle mehr als 6½%. Dazu kommen noch die Kontokorrentguthaben der Finanzabteilung bei der Banque Nationale de Crédit.

Diese Zustände, die die saarländische Wirtschaft an der Nutzung der eigenen Steuergelder hinderten, gaben gleichfalls zu lebhaften Protesten in der Öffentlichkeit und im Landesrat Anlaß. Ihr einziges Ergebnis war ein daraufhin nachträglich vom Leiter der Finanzabteilung an diese Banken gerichtetes Schreiben, in dem er ersuchte, die Gelder zum Wohle der saarländischen Wirtschaft zu verwenden. In der Sache wurde dadurch nichts geändert.

Über die Anlage der Gelder der Eisenbahnhauptkasse am 10. April 1926 wurden gleichfalls durch die Presse folgende Zahlen bekannt:

bei der Banque Nationale de Crédit	11 235 000 frcs. 750 000 RM. 270 $
bei der Allgemeinen Elsässischen Bankgesellschaft	380 000 frcs.
bei der Bank für Saar- und Rheinland	10 000 „
bei der Landesbank des Saargebiets	3 700 „
bei der Banque du Rhin	4 650 000 „
bei der Reichsbank	350 „ (!)

Zur gleichen Zeit hatte die Postverwaltung 12 Millionen Franken, die Regierungshauptkasse 120 Millionen Franken bei französischen Banken angelegt. Durchweg handelt es sich um Anlagen ohne Sicherung der Wertbeständigkeit zu niedrigem Zinsfuß, durchschnittlich 4 bis 5%.

e) Die Kreditpolitik der Deutschen Reichsbank.

Es dürfte schwer zu entscheiden sein, welche Gründe die Bank von Frankreich zu ihrer Stellungnahme in der Kreditfrage veranlaßt haben, ob es wirtschaftliche — Kampf gegen die Inflation — oder politische, wie sie der besprochene Artikel der Journée Industrielle mit erfreulicher Deutlichkeit ausspricht, gewesen sind. Sicher ist, daß man in Frankreich das Saargebiet — wohl nicht ganz zu Unrecht — als eine Versammlung von Frankenbaissiers ansah. Wahrscheinlich dürften beide Gesichtspunkte mitgesprochen haben.

Sofern es die Absicht der Bank von Frankreich war, den französischen Banken für Kredite eine Monopolstellung zu verschaffen und dadurch Einfluß auf die Saarwirtschaft zu gewinnen, hat sie dank der Politik der Deutschen Reichsbank ihr Ziel nicht erreicht.

Schon wenige Wochen nach Veröffentlichung der Währungsverordnung hat die Reichsbankstelle in Saarbrücken neben dem fortbestehenden Giroverkehr in Mark einen Frankengiroverkehr eingerichtet. Sie hat durch diese für eine Zentralbank an sich etwas erstaunliche Maßnahme erreicht, ihre alte Stellung im Mittelpunkte des saarländischen Wirtschaftslebens zu behaupten und den Bestrebungen, die nach Einführung des Franken die Reichsbank aus dem Saargebiet glaubten verdrängen zu können, eine Niederlage bereitet. Die beherrschende Stellung der Reichsbank ergibt sich daraus, daß schließlich auch alle französischen Banken im Saargebiete, zum Teil nach heftigem Sträuben, sich dazu haben entschließen müssen, bei ihr Girokonten zu unterhalten.

Zur gleichen Zeit, schon im Sommer 1923, ging die Reichsbank zum Ankauf von saarländischen Frankenwechseln über. An diesem Kauf saarländischer Frankenwechsel beteiligten sich sämtliche Reichsbankstellen, nicht nur die innerhalb des Saargebiets. Eine Grenze für die Kreditgebung war nicht gezogen. Der zunehmende Frankensturz ließ dann allmählich den entstehenden Schaden, den die Reichsbank als die Frankenkäuferin trug, doch zu groß erscheinen, so daß die Kreditgebung allmählich eingeschränkt wurde. Gelegentlich des großen Frankensturzes im Sommer 1926 setzte die Reichsbankdirektion in Berlin ein Kontingent für Saarkredite fest und beschränkte die Kreditgebung auf die vier Reichsbanknebenstellen des Saargebiets. Das ausgesetzte Kontingent ist lange Zeit hindurch voll in Anspruch genommen worden, bis die Deflationsperiode neue und unerwartete Kreditmöglichkeiten schuf.

So kam es, daß trotz Einführung des Franken als gesetzlicher Währung die Diskontierung von Frankenwechseln nur bei der Reichsbank möglich war, während auf der anderen Seite Frankreich und seine Notenbank mit jedem Kursrückgang des Franken Millionenwerte ohne Gegengabe aus dem Saargebiet herauszogen.

2. Die geplante Ersatzwährung.

a) Der wirtschaftspolitische Fehlschlag der Frankeneinführung.

Hatte den französischen Wirtschaftspolitikern bei der Einführung des Franken im Saargebiet unter anderem auch die Möglichkeit vorgeschwebt, die eigene Währung durch die Produktivkraft der Saarindustrie zu stützen, so mußten sie bald das Irrige dieser Hoffnung erkennen. Denn trotz der gesetzlichen Behinderungen ging — wie weiterhin noch im einzelnen darzustellen sein wird — die saarländische Großwirtschaft in weitem Umfange zur wertbeständigen Rechnung und zu wertbeständiger Anlage über. Es bildete sich bald der Zustand heraus, den wir in der Periode der Markinflation schon kennen gelernt haben: der Franken blieb auf den täglichen Umlauf beschränkt. Das hatte zur Folge, daß überschüssige Frankenbeträge zur Spekulation, und zwar meistens zur Baissespekulation, verwandt wurden, um so mehr, als eine engere

Bindung an die Frankenwährung durch Sparbeträge, Wertpapiere oder Kreditbeziehungen nicht bestand.

Dieser für eine ohnehin schon gefährdete Währung sehr unerwünschte Zustand führte auf französischer Seite auffallend rasch zu dem — allerdings ganz unzulänglichen — Versuch, das Geschehene rückgängig zu machen.

b) Der Saarwährungsplan Clémentels.

Am 30. Dezember 1924 trat der französische Finanzminister Clémentel vor dem französischen Senat mit dem Plan einer eigenen saarländischen Frankenwährung hervor.

Er erklärte, der französische Franken sei im Saargebiet zur gesetzlichen Währung erhoben worden, obwohl eine gesetzliche Ermächtigung seitens Frankreichs oder ein Vertrag mit der französischen Zentralbank darüber nicht vorgelegen hätte, was notwendig gewesen wäre. Darum sei Frankreich zur Aufrechterhaltung dieses Zustandes nicht verpflichtet, um so weniger, als er der französischen Währung nicht günstig sei. Denn die Einführung des Franken im Saargebiet habe die Goldspannung in Frankreich verstärkt und das Deckungsverhältnis der Währung verschlechtert.

Clémentel entwickelte folgenden Plan: Zur Stützung der französischen Währung sei es vorteilhaft, die im Saargebiet umlaufenden französischen Noten im Werte von mindestens 450 bis 500 Millionen Franken zurückzuziehen und durch eine eigene saarländische Währung zu ersetzen. Die neuen saarländischen Frankennoten sollten durch das Vermögen der französischen Saargruben gedeckt werden, und die Bank von Frankreich solle für sie Bürgschaft leisten. Die Saarwährung solle jederzeit durch Scheck auf Paris in französische Franken umtauschbar sein und die Bank von Frankreich gehalten sein, eine den ausgegebenen Saarfranken entsprechende Summe französischer Franken im Depot zu halten. Die Saarnoten sollten auch in den drei angrenzenden französischen Departements Umlaufsberechtigung haben. Eine ähnliche Maßnahme plane man für Madagaskar.

c) Kritik des Saarwährungsplanes.

Der französische Währungsplan fand im Saargebiet den schärfsten Widerspruch, um so mehr, als Clémentel noch kurz vorher in seinem Bericht über die finanzielle Lage Frankreichs zu Beginn der 13. Legislaturperiode erklärt hatte: „Die Schaffung einer saarländischen Währung, aufgebaut auf die Kohlenvorräte oder auf die laufende Kohlenausbeute würde denselben Erfolg haben wie die Ausgabe der Gutscheine, die die französisch-belgische Eisenbahnregie ausgegeben hat. Sie wird daher allerseits im gegenwärtigen Zeitpunkt als praktisch unmöglich bezeichnet.“

Wenn man jetzt glaubte, den Plan dadurch möglich gemacht zu haben, daß man die Umtauschbarkeit in französische Franken vorsah, so war das ein Irrtum. Mit Recht sprach die Öffentlichkeit von einem Währungsersatz. Weder würde er das Vertrauen der Bevölkerung genießen und anders als unwillig genommen werden, noch würde er sich eines größeren Umlaufsgebietes erfreuen können. Auch würde der Saarfranken nicht auf gleichem Kurse mit dem französischen Franken stehen. Denn da er im Auslande und in der Weltwirtschaft keinen Kurs haben würde, so wäre der saarländische Geschäftsmann gezwungen, ihn stets in Paris in französische Franken oder über Paris in ausländische Währungen umzutauschen. Diese Handhabung allein würde genügen, um ein Disagio herbeizuführen. Selbst über die Umlaufsfähigkeit des Währungsersatzes in den angrenzenden Teilen Elsaß-Lothringens beständen berechtigte Zweifel, da seinerzeit die elsaß-lothringische Handelskammer ihre Mitglieder vor der Annahme von Regiefranken gewarnt hätte, unter Hinweis anf die Tatsache, daß ein Annahmezwang nicht bestände.

Man wies auch darauf hin, daß die Saarnoten, die durch den Immobilbesitz der Saargruben gedeckt seien, gar keine Noten, sondern Schuldverschreibungen seien, die von der Bank von Frankreich garantiert würden, und daß Schuldverschreibungen sonst nur genommen würden, wenn sie verzinslich seien. Auch der Rentenmark hätten verzinsliche Goldrentenbriefe zugrunde gelegen. (Man könnte darauf erwidern, daß von den Rentenbriefen kein Gebrauch gemacht worden sei, aber sicher ist jedenfalls, daß die Rentenmark Aufnahme fand, da man ihr Vertrauen entgegenbrachte, und daß zum Saarfranken kein Vertrauen bestand.)

Wenn ferner behauptet wurde, der Franken sei im Saargebiet ohne Zutun der französischen Regierung eingeführt worden, so wäre dem entgegenzuhalten, daß der Vertreter Frankreichs in der Saarregierung diese Maßnahme mit Zustimmung des Ministerpräsidenten Poincaré durchgeführt hatte und daß sie der Völkerbundsrat in seiner Sitzung am 7. Juli 1923 einschließlich des Franzosen Hanotaux gebilligt hatte.

Wenn weiterhin Clémentel glaubte, durch diese Maßnahme eine weitere Inflation in Frankreich verhüten zu können, so war auch das ein Fehlschuß, denn das Einströmen der so gewonnenen 500 Millionen Franken in das verengerte französische Währungsgebiet wäre eine nur sehr kurzdauernde Verschleierung einer solchen gewesen.

Die entschiedene Ablehnung des Clémentelschen Planes blieb nicht auf die saarländische Öffentlichkeit und Presse beschränkt, welcher auch die Nennung des Saargebiets im gleichen Zuge mit Madagaskar reichen Stoff zu unliebsamen Betrachtungen bot. Auch die ausländische Presse, insbesondere die englische, soweit sie von dem Plan berichtete, sprach nicht mit sonderlicher Hochachtung von der währungspolitischen Einsicht des Herrn Clémentel [1]).

[1]) Herly glaubt, daß es sich im Grunde darum gehandelt habe, mit unzureichenden Mitteln eine weitere Inflation zu verhindern (L'Introduction du Franc dans la Sarre, S. 198).

Angesichts des allgemeinen Widerstandes im Saargebiet sah sich Clémentel genötigt, von seinem Plane abzustehen. Am 3. April 1925 erklärte er im Senat: „Auch ich habe an die Möglichkeit geglaubt, die 400 oder 500 Millionen Banknoten, die im Saargebiet sind, zurückziehen zu können, und habe Unrecht gehabt . . . Angesichts der Haltung der Gewerkschaften, gewisser Nationen und gewisser Geschäftsleute müssen wir diese Hoffnung aufgeben.“ Einige Wochen später mußte man sich doch zu einer weiteren Inflation entschließen.

3. Der Kampf um die Goldrechnung.

a) Die wirtschaftlichen und rechtlichen Schwierigkeiten der Goldrechnung im Handel.

Als der Franken im Saargebiet gesetzliche Währung wurde, hatte seine allmähliche Entwertung schon seit Monaten begonnen. Die Währungsverordnung verbietet den Abschluß von Geschäften in ausländischer Währung außer bei Bank- und Außenhandelsgeschäften, und bei diesen die Zahlung in fremdem Gelde, außer bei Vereinbarung der Effektivklausel. Wollte die Bevölkerung sich also vor den ihr nur zu wohlbekannten Folgen der Entwertung schützen, so waren ihr enge Grenzen gezogen.

Alle Ersparnisse wurden sofort in Dollar oder Reichsmark angelegt. Vom Franken machte man nur so viel Gebrauch, wie man unbedingt mußte. Kredite wurden nur wertbeständig gegeben. Auch im kaufmännischen Verkehr ging man so weit wie möglich zur Wertbeständigkeit über. Alle Käufe und Verkäufe des Großhandels und der Industrie wurden in Festwährung abgeschlossen. Während aber die Geschäfte mit dem Ausland auch in stabilem Gelde bezahlt wurden, muß für das Inlandsgeschäft der Preis in Franken umgerechnet werden. Doch ist auch das in Festwährung abgeschlossene Außenhandelsgeschäft für den Gläubiger nicht ganz gefahrlos. Sind nämlich der Aussteller des Wechsels und der Akzeptant Saarländer, so ist dem Wechsel nicht anzusehen, ob es sich wirklich um ein erlaubtes Außenhandelsgeschäft handelt oder nicht. Es ist daher des öfteren vorgekommen, daß ein böswilliger Schuldner sich erfolgreich auf die Währungsverordnung berufen hat, um die gerichtliche Nichtigkeitserklärung des Geschäftes zu erreichen. Es bedeutet eine Bankerotterklärung der saarländischen Gesetzgebung, daß die Handelskammer sich im Sommer 1926 gezwungen gesehen hat, zu erklären, daß eine solche Berufung auf die Währungsverordnung „mit den Grundsätzen eines ehrsamen Kaufmanns unvereinbar“ sei.

Auch im Einzelhandel setzte sich die wertbeständige Rechnung nach Möglichkeit durch. In den größeren Geschäften Saarbrückens wurden für alle Waren feste Preise berechnet, die nach dem Tageskurs der Mark oder nach einem periodischen Multiplikator in Franken umzurechnen waren. Doch stieß die Goldrechnung im Kleinhandel auf Schwierigkeiten, die in der Konkurrenz, in dem

Einströmen französischer, in Franken berechneter Ware und in der Tatsache, daß der Goldwert der Löhne nicht gleich blieb, sondern sank [1]), zu suchen sind. Denn die Bestrebungen der Lohnempfänger, zu stabilen Löhnen zu gelangen, sind nicht von Erfolg gekrönt gewesen.

Die Löhne der im Reiche ansässigen und im Saargebiet beschäftigten Arbeiter, der Saargänger, waren im Gegenteil so niedrig, daß die Reichsregierung von Mai 1926 bis Ende Juli 1927 monatlich etwa 600 000 Mark zu deren Unterstützung ausgeben mußte. Ihre Bezüge waren zeitweise geringer als die deutsche Erwerbslosenunterstützung. Die Angestellten dagegen erhielten zum Teil Goldmark-Grundgehälter, so die der Röchlingschen Werke.

Weiterhin verschafften sich die größeren Firmen eine Rückendeckung gegen die Entwertungsgefahr durch den Abschluß von Termingeschäften. Als aber im Sommer 1926 der Frankensturz sich immer mehr beschleunigte, stieg der Report, auf das Jahr gerechnet, auf 18 bis 20% und die Kreditlast damit auf über 30%, so daß sich dieser Weg verschloß, um so mehr, als die französische Konkurrenz nur 10—12% zu zahlen hatte.

Ein anderer Ausweg wurde im Einkauf größerer Warenmengen gegen Franken auf Kredit gefunden; denn in Frankreich war der Zielkauf vielfach noch möglich. Damit ist aber die große Gefahr verbunden, die Warenläger über das erforderliche Maß hinaus zu vermehren, was beim Eintritt normaler Zustände leicht verhängnisvoll werden kann.

Erst spät änderte die saarländische Rechtsprechung ihre Stellungnahme in der Frage wertbeständiger Rechnung, und auch das nicht in selbständigem Vorgehen, sondern in Nachfolge der französischen Rechtsprechung. Am 1. April 1926 entschied das Zivilgericht in Dijon, daß ein zu zwei Dritteln auf Dollargrundlage abgeschlossener Mietsvertrag zu recht bestehe. Auf dem hier eingeschlagenen Wege der Rechtsprechung folgte am 22. Juni 1926 das Oberste Gericht in Saarlouis, indem es im Gegensatz zu früheren Urteilen erklärte, daß Darlehns- und Hypothekengeschäfte auch auf einer anderen Währungsgrundlage als der französischen abgeschlossen werden könnten, sofern nur die Auszahlung in französischem Gelde erfolge. Es bestehe kein rechtlicher Unterschied zwischen einem Geschäfte, das für eine zukünftige Zahlung den Markt- oder Börsenpreis einer bestimmten Ware, wie Roggen, Kohlen oder Feingold zugrunde legt, und einem, das den Frankenbetrag nach dem Kurse einer ausländischen Währung bestimmt. Diese angesichts der umfangreichen Inflationserfahrungen Europas reichlich späte Entscheidung hat dann die Zuführung von Krediten an die Saarwirtschaft wesentlich erleichtert.

---

[1]) Vgl. hierzu die Darstellung der Bergarbeiterlöhne, Schaubild 6.

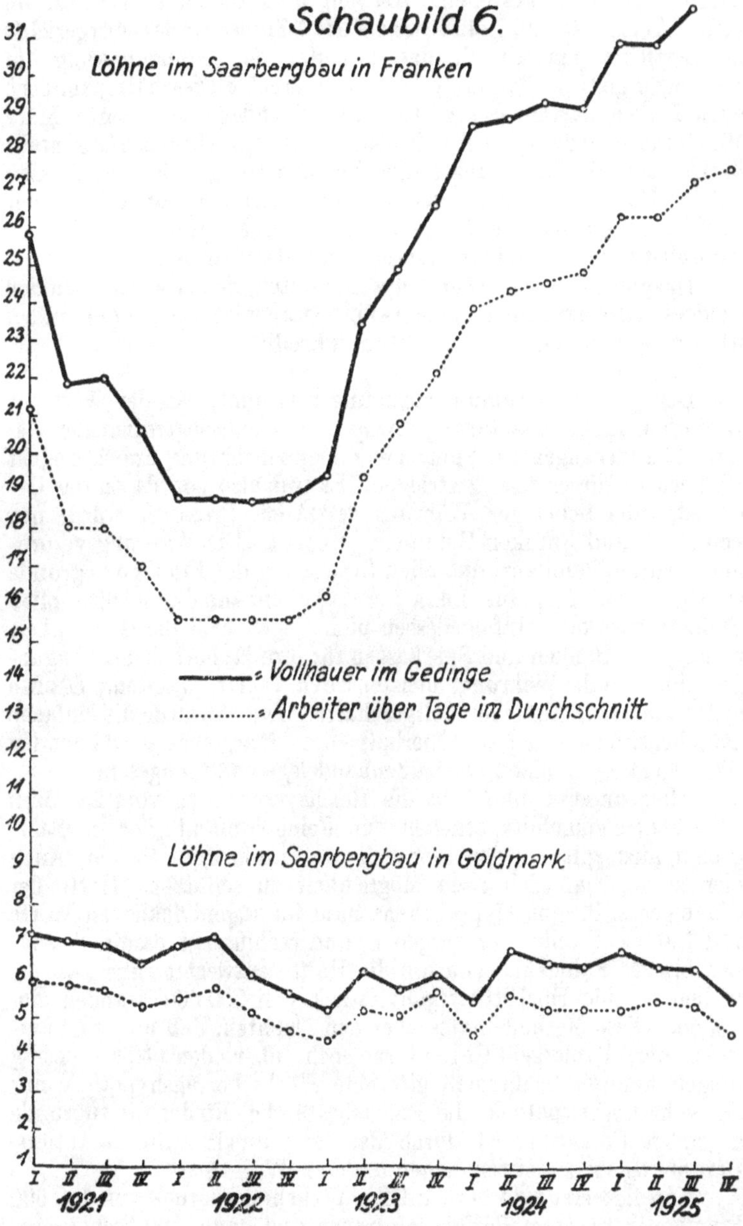

Schaubild 6.
Löhne im Saarbergbau in Franken
Vollhauer im Gedinge
Arbeiter über Tage im Durchschnitt
Löhne im Saarbergbau in Goldmark
31
30
29
28
27
26
25
24
23
22
21
20
19
18
17
16
15
14
13
12
11
10
9
8
7
6
5
4
3
2
1
I II III IV I II III IV I II III IV I II III IV I II III IV
1921
1922
1923
1924
1925

Immerhin blieb der Zwang zur effektiven Frankenzahlung damit vermutlich bestehen. Klarheit über diesen Punkt bestand nicht. Am 1. März 1927 fällte der zweite Zivilsenat des Obergerichts in Saarlouis ein Urteil, das besagte, der Frankenzwang in Verträgen gelte nicht nur für innere Saargebietsgeschäfte, sondern auch für auswärtige Geschäfte. Am folgenden Tage, am 2. März 1927, entschied der erste Zivilsenat des Obergerichtes das Gegenteil: in fremder Währung abgeschlossene auswärtige Geschäfte seien gültig. Man kann kaum sagen, daß diese Art von Jurisdiktion der saarländischen Wirtschaft die Rechtssicherheit gibt, ohne die das kapitalistische Wirtschaftssystem nicht denkbar ist.

Die gleichen rechtlichen Schwierigkeiten, denen wertbeständige Geldgeschäfte ganz im allgemeinen im Saargebiet begegneten, finden wir im besonderen beim Hypothekenkredit.

b) Der Kampf um die Wertbeständigkeit des Hypothekenkredits.

Der § 28 der Grundbuchordnung bestimmt, daß der Wert der Hypothek in Reichswährung anzugeben sei. Gelegentlich der Gesetzesabänderungen im Sinne einer Doppelwährung am 2. August 1921 wurde dieser Satz gestrichen. Es war also von da an der Gebrauch jeder beliebigen Währung gestattet. Praktisch wurde nur von Mark und Franken Gebrauch gemacht. Die Währungsverordnung schrieb dann vor, daß allen Geschäften der Franken zugrunde zu legen sei. Nur für Bank- und Außenhandelsgeschäfte blieb Freiheit bestehen. Infolgedessen bildete sich bald die Gewohnheit heraus, daß Banken und Sparkassen für ihre Hypothekeneintragungen eine stabile Währung, meistens den Dollar, wählten. Ebenso hielt man es für Außenhandelsgeschäfte. Jedoch wurde die einfache Darlehenshingabe eines außerhalb des Saargebietes wohnenden Gläubigers noch nicht als Außenhandelsgeschäft angesehen.

Allen anderen blieb, da die Reichsverordnung vom 23. Juni 1923 über Feingoldhypotheken und Feingoldpfandbriefe im Saargebiete nicht gilt, nur der Gebrauch von Frankenhypotheken. Auch hier suchte man sich nach Möglichkeit zu schützen. Hatte der Gläubiger z. B. eine Hypothekenschuld im augenblicklichen Werte von 100 000 Franken zu vergeben, und rechnete er damit, daß sie sich bis zur Fälligkeit etwa um die Hälfte entwertet haben würde, so ließ er eine Höchstbetragshypothek von 200 000 Franken eintragen. Diese Methode hatte aber den Nachteil, daß unerwarteterweise der Papiergeld-Gegenwert noch über den Höchstbetrag steigen konnte. Außerdem gilt eine Höchstbetragshypothek nur als Sicherungshypothek, die Rechtsbeständigkeit der ihr zugrunde liegenden Forderung ist durch das Grundbuch nicht garantiert. Darum zog man meistens einen anderen Weg vor.

Man ließ erst eine gewöhnliche Verkehrshypothek von 100 000 Franken in unserem Beispiel eintragen und dann eine Sicherungshypothek von weiteren 100 000 Franken zur Deckung gegen etwa eintretende Geldentwertung. Doch waren damit doppelte Eintragungskosten verbunden, und vor allem verschloß es die Möglichkeit, weitere Hypotheken aufzunehmen. Es blieb nach wie vor ein Notbehelf, zumal auch hier der Gläubiger nicht über die Höhe seiner Sicherungshypothek hinaus gedeckt war.

Eine Wandlung trat auch hierin erst mit dem erwähnten Urteil des Obergerichts in Saarlouis vom 22. Juni 1926 ein. Es war darin entschieden worden, daß die Eintragung einer Dollar-Verkehrshypothek zulässig sei, sofern der Dollarbetrag lediglich den Wertmesser für die in Franken bestehende Darlehensforderung darstelle. Von diesem Zeitpunkt an wurden alle neu eingetragenen Hypotheken nach den in dieser Entscheidung gewiesenen Möglichkeiten gesichert. Diese Tatsachen erkannte schließlich auch die Regierungskommission an, indem sie am 20. Januar 1927 eine Verordnung über Feingoldhypotheken erließ [1]) und kurz darauf die Hypothekenbank Saarbrücken ermächtigte, Inhaberschuldverschreibungen bis zur Höhe von fünf Millionen Dollar in den Verkehr zu geben. Es ist mit dieser Verordnung gestattet, die Höhe der zu zahlenden Geldsumme durch den Preis einer bestimmten Menge Feingoldes zu bestimmen. Damit wurde im Saargebiet zum ersten Male von Gesetzes wegen die berüchtigte Fiktion „Franken gleich Franken" aufgegeben. Immerhin kann auch dieser Verordnung gegenüber die Kritik nicht ganz schweigen. Es ist zu bedauern, daß die Umwandlung alter Frankenhypotheken und solcher, die auf Grund des Urteils vom 22. Juni 1926 aufgenommen worden waren, in Feingoldhypotheken nicht vorgesehen worden ist. Außerdem wird der auf Grund der Feingoldmenge zu zahlende Frankenbetrag berechnet auf Grund des Londoner Goldpreises und des Pariser £-Kurses. Es besteht die Möglichkeit, daß letzterer künstlich beeinflußt und als Zwangskurs gehandhabt wird, was die Zulassung dieser Hypotheken in den anderen Teilen des Reiches durch das deutsche Aufsichtsamt verhindert. Auch hier bleibt der Zwang zur Zahlung in effektiven Franken bestehen. Am 5. Juli 1927 erklärte das Landgericht Saarbrücken die Eintragung einer Feingoldhypothek, zahlbar wahlweise in Dollar oder Reichsmark, für unstatthaft.

c) Das Verbot der Versicherung auf Goldgrundlage.

Als der Franken von seiner Einführung bis zum Februar 1924 mit wachsender Geschwindigkeit fiel, ging man im Saargebiet allgemein dazu über, auch Versicherungsverträge auf wertbeständiger Grundlage abzuschließen. Die Rechtsprechung des Obersten Gerichtshofes schien diese Übung zu begünstigen. Da veröffentlichte das saarländische Aufsichtsamt für Privatversicherungen am 11. April 1924 eine Bekanntmachung, die den Abschluß von Versicherungen auf Goldbasis verbot [2]).

---

[1]) Amtsblatt der Regierungskommission des Saargebietes 1927 Nr. 8 vom 25. Februar 1927. Vgl. Anhang.

[2]) Regierungsamtsblatt 1924 S. 152.

Begründet wurde das Verbot damit, daß die Versicherung auf der Grundlage einer fremden Währung der Zahlung in fremder Währung gleichkomme und damit gegen die Währungsverordnung verstoße.

Das Verbot muß in höchstem Grade befremden. Um so mehr, als dasselbe Aufsichtsamt seinerzeit das Monopol der Bayerischen Brandversicherung im pfälzischen Landesteil mit der Begründung aufgehoben hatte, daß bei der dauernden Markentwertung der Eintritt des Versicherungsfalles den Ruin des Versicherten bedeuten könne. Die Versicherten könnten „vor Verlusten nur dadurch geschützt werden, daß sie Versicherungen in einer stabileren Währung als der Markwährung abschließen dürfen."

Die Folge des Goldversicherungsverbotes ist, daß Versicherungen nur noch mit Gesellschaften abgeschlossen werden, die ihren Sitz außerhalb des Saargebietes haben, daher dem Arme des Aufsichtsamtes unerreichbar sind. Bei der Kleinheit des Saargebiets bedeutet das für den Versicherungsnehmer weiter keine Schädigung. Ähnlich hat das Oberbergamt 1924 den Knappschaftsvereinen verboten, bei Gewährung von Baudarlehen eine Wertbeständigkeit auf Dollargrundlage auszubedingen. Auch hat die Direktion des Inneren die Kommunalverbände zu hindern gesucht, bei Aufnahme von Darlehen die Wertbeständigkeit zuzusichern.

Im übrigen blieb die Regierungskommission in ihren Bestimmungen aber keineswegs konsequent. Die dem saarländischen Mitgliede der Regierung unterstehende Aufsichtsbehörde für die Sozialversicherung hat die Knappschaft angewiesen, ihre Kapitalien wertbeständig anzulegen. Auch hat die Regierung des Saargebiets sich dem Reiche gegenüber verpflichtet, den Pensionsfonds für die Beamten in wertbeständigen Anlagen zu bilden. Ungefähr zur gleichen Zeit gingen auch die Gemeinden — offenbar mit der Genehmigung der Regierung — dazu über, bei Steuerstundungen die Wertbeständigkeit ihrer Forderung auszubedingen. Trotzdem ist das Goldversicherungsverbot nicht wieder aufgehoben worden.

d) Die Nichtregelung der Aufwertung.

Ein besonders dunkles Kapitel in der Gesetzgebung des Saargebiets ist das über die Aufwertung.

Am 28. November 1923 fällte das Reichsgericht seine berühmte Entscheidung, die die Berechtigung der Forderung auf Aufwertung von Papiermarkbeträgen anerkannte. Am 8. April 1924 schloß sich der Oberste Gerichtshof in Saarlouis dieser Ansicht an durch die Erklärung, daß eine Aufwertung nach Treu und Glauben und unter Berücksichtigung des besonderen Einzelfalles möglich sei.

Das war eine Neuerung gegenüber der Währungsverordnung, die in ihrem § 4 bestimmt hatte, „alle bestehenden Zahlungs- und Schuldverpflichtungen bleiben unberührt, soweit nicht eine neue Vereinbarung zwischen den Beteiligten stattfindet . . .". Damit hatte man allen Weiterungen aus dem Wege zu gehen gesucht. Das Urteil des Obersten Gerichtshofes schuf nunmehr die gleiche Lage wie im Reiche, derart, daß man allgemein einer gesetzlichen Regelung der Frage entgegensah.

Da veröffentlichte die Regierungskommission Anfangs 1925, zur gleichen Zeit, als im Reiche der Streit über die Regelung der Aufwertung seinem Höhepunkt zustrebte, einen Verordnungsentwurf, der sich als dritter Absatz dem § 4 der Währungsverordnung anschließen sollte. Er lautete: „Die Aufwertung von Rechtsansprüchen aus Rechtsverhältnissen, welche die Zahlung einer bestimmten in der bis 1. Juni 1923 gesetzlichen Landeswährung (Markwährung) ausgedrückten Geldsumme zum Gegenstand haben, kann, auch wenn es sich um Vermögensanlagen handelt, die durch den Währungsverfall entwertet sind, nicht gefordert werden."

Der Entwurf bedeutete also die ausdrückliche Ablehnung jeglicher Aufwertung. Begründet wurde er mit dem oben angeführten ersten Absatz des § 4 der Währungsverordnung. Der Widerspruch gegen den Versuch einer so einfachen Regelung war im Saargebiet allgemein. Der Landesrat lehnte in seiner Sitzung am 16. Februar 1925 den Entwurf einmütig ab. Die Folge davon war, daß die Regierung ihn zurückzog.

Seitdem ist im Saargebiet in dieser Frage nichts mehr geschehen. Auch der ein halbes Jahr später Gesetz werdenden deutschen Aufwertungsregelung schloß sich die Regierung nicht an. Am 22. Juni 1926 entschied der Oberste Gerichtshof einen Aufwertungsprozeß „unter Berücksichtigung des besonderen Falles" in bejahendem Sinne [1]). Praktisch aber besteht im Saargebiet eine Aufwertung nicht. Da jedoch niemand von der Endgültigkeit dieses Zustandes überzeugt ist und man spätestens bei der Rückkehr des Landes zu Deutschland eine Regelung im Sinne der deutschen Aufwertungsgesetze erwartet, ist die Folge eine allgemeine Unsicherheit im Hypothekenverkehr. Denn solange diese Frage noch der endgültigen Regelung harrt, kann für neu eingetragene Hypotheken der vereinbarte Rang nicht als gesichert gelten, wenn auf dem Grundstück Markhypotheken lasteten, die erst nach dem 1. Januar 1919 gelöscht worden sind.

---

[1]) Die Berufung der beklagten Gemeinde gegen ein Teilurteil des Landgerichts Saarbrücken, durch das unter Vorbehalt einer höheren Aufwertung dem Kläger ein Teilbetrag von 100 000 Franken für 700 000 Papiermark zugesprochen ist, wurde zurückgewiesen. Der Betrag stammte aus einem Grundstücksverkauf des Klägers am 28. Mai 1920 an die Gemeinde und war bei dieser gegen sechsmonatige Kündigung gegen Zinsen stehengeblieben. Von dem 750 000 Mark betragenden Kaufpreis hatte der Kläger 50 000 der Gemeinde zu wohltätigen Zwecken gestiftet.

Der Spruchsenat des Landesversicherungsamtes in Saarlouis entschied am 17. Mai 1926 gegen die Aufwertung von Markansprüchen aus der Knappschaftsversicherung. Der Kläger wohnte im Reich.

Die erste Aussicht auf eine künftige Regelung der Aufwertung durch die Regierungskommission ist in einem Mitte Juli 1927 herausgekommenen Erlaß zu sehen, in dem es u. a. heißt: „Es besteht die Möglichkeit, daß die später den gewählten Vertretern der Bevölkerung eventuell vorzulegenden Verordnungsentwürfe betreffend die Aufwertung voraussichtlich eine Bestimmung enthalten werden, daß eine Wiedereintragung bereits gelöschter Papiermarkhypotheken, Grundschulden wie von Schiffs- und Bahnpfandrechten ohne Rücksicht auf den öffentlichen Glauben des Grundbuchs und des Schiffsregisters stattfindet, wenn der Erwerb eines Rechts an dem belasteten Gegenstand nach dem Tage des Erlasses dieser Verfügung erfolgt."

Die mehr vorsichtige als schöne Formulierung des Erlasses zeigt, daß hier noch ein weiter Weg bis zur rechtlich bindenden Regelung zurückzulegen bleibt. Überdies scheint aus ihm hervorzugehen, daß eine Aufwertungsregelung lediglich für Hypothekengläubiger geplant ist. Das wäre eine wirtschaftlich durch nichts zu rechtfertigende Beschränkung und eine schwere Benachteiligung gegenüber den Papiermarkgläubigern im übrigen Deutschland [1]).

4. Geldentwertung und Steuerpolitik.

a) Die Entwertung der Steuermindestsätze.

Die Frankenentwertung blieb auch auf das Steuerwesen des Saargebiets nicht ohne Wirkung. Da das Saargebiet aus seinen Steuerleistungen nur seinen eigenen Staatshaushalt zu finanzieren hat und von allen Kontributionszahlungen befreit ist, so sollte dort der Steuerdruck geringer sein als im Reiche. Doch führte die Entwertung dazu, daß der Goldwert aller Beträge des Steuertarifs, ganz besonders der Mindestbeträge, weit unter die Höhe sank, die der Gesetzgeber im Auge gehabt hatte. Einige Zahlenbeispiele mögen das belegen.

Die Lohnsteuer beträgt im Saargebiet 6%. Der abzugfreie Teil des Lohnes belief sich seit dem 8. Dezember 1923 für das Jahr auf 1200 Franken, dazu 360 Franken auf jeden Kopf der Familie, einschließlich des Arbeitenden selber. Am 1. Januar 1926 wurden die Sätze erhöht auf 1800 Franken und 720 Franken. Um einen Begriff von der Niedrigkeit der Sätze zu geben, sei erwähnt, daß diesen 2520 Franken für den alleinstehenden Arbeiter im Mai 1926 in Frankreich 7000 Franken, in Deutschland 9600 Franken entsprachen. Diese Sätze wurden später verdoppelt, aber selbst dann stand im Juli 1926 einem steuerfreien Monatslohn von 100 RM. in Deutschland ein solcher von nur 19 RM. im Saargebiet gegenüber.

Übersteigt das Jahreseinkommen des Lohn- oder Gehalts-

[1]) Es scheint erwähnenswert, daß kurze Zeit vor diesem Meinungswechsel der Regierungskommission sich in Straßburg eine Vereinigung französischer Inhaber saarländischer Anleihen gebildet hatte, die sich vor allem die Aufwertung von Obligationen und Pfandbriefen aus dem Saargebiet zum Ziele gesetzt hatte.

empfängers eine bestimmte Höhe, so kommen unter Anrechnung der bezahlten Lohnsteuer die allgemeinen Einkommensteuergesetze zur Anwendung. Die Freigrenze betrug seit 1923 10 000 Franken, seit dem 1. Januar 1926 20 000 Franken. Im Reiche ist der entsprechende Betrag 8000 Mark, der bei einem Kurse von 6 Franken für die Mark 48 000 Franken entspricht.

Der Gewerbesteuertarif betrug seit 1923 für eine Jahreseinnahme

bis zu	10 000 Frcs.	2%,
„ „	15 000 „	3%,
über	15 000 „	3½%.

Am 1. Januar 1926 wurden die Sätze wie folgt erhöht:

Für ein Jahreseinkommen

von 5 bis	10 000 Frcs.	1%,
„ 10 „	15 000 „	1½%,
„ 15 „	20 000 „	2%,
„ 20 „	30 000 „	3%,
über	30 000 „	3½%.

Da wohl jeder Gewerbetreibende den Satz von 15 000 Franken erreichen dürfte, führen die Mindestsätze ein nur papiernes Dasein.

Das gleiche gilt von der Luxussteuer. Die Wertzahlen, welche die Befreiung von der Luxussteuerpflicht bedingen, sind von Dezember 1923 bis September 1927 unverändert geblieben, waren daher in zahlreichen Fällen, wie bei Kraftfahrrädern, Taschenuhren, Kunstgegenständen, Klavieren, Teppichen, photographischen Apparaten so niedrig, daß eine Befreiung in Wirklichkeit überhaupt nicht vorkam. Damit verlor die Steuer völlig ihren Charakter als Luxussteuer und wurde zu einer allgemeinen Steuer auf Gegenstände der angegebenen Art.

a) Die Ausbildung der Umsatzsteuer als Inflationssteuer.

Der bedenklichste Zug in der Saarländischen Steuergesetzgebung ist der Ausbau einer so typischen Inflationssteuer wie der Umsatzsteuer. Als die Regierungskommission ihr Amt antrat, betrug die Umsatzsteuer 0,5% und die erhöhte Umsatzsteuer (Luxussteuer) 10%. Am 1. Juni 1922 wurde der erste Satz erhöht auf 1,1%. Am 1. Mai 1926 trat eine neue Erhöhung ein auf 1,3% und 12%, am 1. August 1926 endlich eine nochmalige Erhöhung auf 1,6%. In Deutschland ist dagegen die Umsatzsteuer auf 0,75% ermäßigt und die Luxussteuer völlig abgeschafft worden. Die Umsatzsteuerbefreiungen für einige Lebensmittel sind offensichtlich in schematischer Angleichung an das französische Steuerrecht durchgeführt worden, da sich Kartoffeln in dieser Reihe nicht finden. Dabei hat sich das Aufkommen aus der Umsatzsteuer ständig gesteigert. Während im Sollhaushalt für 1924 nur 14% der Einnahmen aus der Umsatzsteuer gedeckt wurden, sind es im Sollhaushaltsplan für 1927 nicht weniger als 27%. Überhaupt ist die Steigerung der Einnahmen aus indirekten Steuern eine besondere Eigentümlichkeit der saarländischen Finanzpolitik. Im Jahr 1926 fielen 22% des Gesamtsteueraufkommens auf direkte Steuern und 78% auf indirekte. Im Deutschen Reiche betrug das Verhältnis damals 50,7 zu 49,3%. Diese Steigerung der indirekten Besteuerung bedeutet die Anwendung französischer Finanzgrundsätze, was insofern nicht wundernimmt, als die Abteilung für wirtschaftliche Angelegenheiten sich unter französischer Leitung befindet [1]). Besonders bedenklich scheint im Falle der Umsatzsteuer, daß sie mit unverhältnismäßiger Schärfe den mittleren und kleinen Handel- und Gewerbetreibenden trifft, während die Großindustrie sich der Erfassung entzieht, denn bei der geringen Ausdehnung des Saarterritoriums ist ein im Vergleich zu anderen Ländern unverhältnismäßig großer Teil ihrer Geschäfte Ex- oder Import. Eigenartig muß dabei den unbeteiligten Beobachter berühren, daß die Regierungskommission, der nach dem Beschluß des Völkerbundsrates als alleinige Richtlinie ihres Handelns das Wohlergehen der Saarbevölkerung dienen soll, erklärte, die Umsatzsteuer mit Rücksicht auf Frankreich nicht abschaffen zu können, wo der Satz 2% beträgt. Immerhin ist es schwierig, genauer auf die saarländischen Finanzverhältnisse einzugehen, da die Regierung es bisher nach dem Vorbilde kolonialer Verwaltungen nicht für nötig gehalten hat, die Ist-Haushaltspläne zu veröffentlichen oder den jeweiligen Haushalt dem saarländischen Schattenparlament zur vorherigen Begutachtung vorzulegen. Doch scheint die Steuerverwaltung reichlich aus dem Vollen zu schöpfen, da im Haushaltsjahre 1925/26 ein Einnahmeüberschuß von 41 Millionen Franken erzielt wurde.

c) Die Steuerleistung des französischen Fiskus.

Die Besteuerung der Saarbevölkerung mit infolge der Entwertung der Mindestsätze zu hohen Steuersätzen muß um so unberechtigter erscheinen, als die Regierungskommission des Saargebiets anderen Schuldnern gegenüber nicht solchen fiskalischen Eifer an den Tag legt. Der Friedensvertrag bestimmt, daß der Ertrag der Zölle auf für das Saargebiet bestimmte Waren nach Abzug der Erhebungskosten dem saarländischen Haushalte zufließen soll. Als Erhebungskosten behält die französische Zollverwaltung 35% der Eingänge zurück. Die Erhebungskosten der deutschen Zollverwaltung betragen 12%. Das erklärt sich zum Teil wohl daraus, daß die französische Zollverwaltung als landfremde und der Landessprache unkundige Behörde sich gezwungen sieht, auf den Kilometer der Zollgrenze vier Zollbeamte zu unterhalten, während auf deutscher Seite einer genügt.

Im Frühjahr 1926 behaupteten unwidersprochen gebliebene Tagesnachrichten, die auch in einer Sitzung der Handelskammer

[1]) Im saarländischen Haushaltsplan für 1927/28 beträgt das Verhältnis von direkten zu indirekten Steuern 37% zu 63%.

Saarbrücken erörtert wurden, die von der Zollverwaltung reichlich erhobenen Zollstrafgelder würden nicht an das Saargebiet, sondern nach Frankreich abgeführt. Gleichzeitig sah man sich veranlaßt, nach dem Schicksal der Zollgelder zu fragen, die aus der umfangreichen saarländischen Einfuhr über die französischen Grenzorte St. Ludwig, Straßburg, Diedenhofen und die französischen Seehäfen stammen.

Ein besonderes Kapitel ist die Steuerpflicht der dem französischen Staate gehörenden saarländischen Kohlengruben. Nach dem Versailler Vertrage „sollen die Beiträge der französischen Gruben zu dem örtlichen Haushalt des Saarbeckengebiets sowie zu den Gemeindeabgaben unter gebührender Berücksichtigung des Verhältnisses des Wertes der Gruben zu dem gesamten steuerpflichtigen Vermögen des Saargebiets festgesetzt" werden.

Zur Ausführung dieses § 13 des Saarstatuts schloß die Regierungskommission ganz kurz vor ihrem Rücktritt und dem auf den 1. April 1924 festgesetzten Amtsantritt ihrer neu zusammengesetzten Nachfolgerin einen Vertrag mit der Bergwerksverwaltung ab, der erst am 31. März 1925 in Kraft treten sollte. Inhalt des Vertrages war die Festsetzung der Steuerleistung der Gruben. Um sie zu errechnen, galt es, auf der einen Seite den Wert der Gruben, auf der anderen Seite den Wert des gesamten steuerpflichtigen Vermögens des Saargebiets zu bestimmen [1]).

Den Wert der Gruben nahm man an mit 346 Millionen Goldmark. Das Vermögen der natürlichen Personen des Saargebiets bezifferte man auf Grund der Ergänzungssteuer des Jahres 1913 auf 1017 Millionen Goldmark.

Bei Festsetzung dieser Summe hat man völlig außer Acht gelassen, daß sich das steuerbare Vermögen seit dem Jaher 1913 durch Sequestrierungen in Elsaß Lothringen und durch Mark- und Frankenentwertung um rund ein Drittel vermindert hat, also nur noch etwa 678 Millionen Goldmark beträgt. Dazu setzte man den Wert des Kapitals der Gesellschaften, die ihren Sitz außerhalb des Saargebiets haben, fest mit 140 Millionen GM. Eine Nachprüfung dieser Zahl ist infolge der unklaren Fassung nicht möglich.

Aus diesen beiden Zahlen ergäbe sich ein steuerpflichtiges Vermögen des Saargebiets von 1157 Millionen GM. Der französische Bergfiskus hätte sich also mit etwas über 30% an den Steuerlasten des Saargebiets zu beteiligen. Dieser Betrag war aber der französischen Regierung zu hoch. Deshalb fügte man dem steuerbaren Vermögen des Saargebiets noch „die kapitalisierte menschliche

---

[1]) „Die mißbräuchliche Ausbeutung des Saargebiets durch Frankreich." Denkschrift der sozialdemokratischen Fraktion, des Zentrums und der deutsch-saarländischen Fraktion des Landesrats vom 9. August 1924.

Allot, Le Bassin de la Sarre, S. 262 f.

Arbeitskraft der Saareinwohner" bei in Höhe von 838 Millionen Goldmark. Damit ermäßigte sich die französische Steuerpflicht auf etwa 15% des Steueraufkommens, genau 1 : 6,76.

Zweifellos steht sich der französische Staat bei diesem Vertrage nicht schlecht, denn an Stelle einer Steuerleistung von 27 Millionen Goldmark im Jahre 1920 zahlte er im Jahre 1925 nur 6 Millionen.

Die Kapitalisierung der Arbeitskraft der Bewohner eines Landes und deren Hinzuzählung zum steuerbaren Besitz dürfte volkswirtschaftlich wie finanzwissenschaftlich bisher einzig dastehen. Am 1. April 1927 ist dieses Abkommen von der Regierung gekündigt worden, so daß es am 1. April 1928 außer Kraft getreten ist.

3. Kapitel. Die zollpolitischen Schicksale des Saarlandes.

1. Die handelspolitische Lage des Saargebiets bis zum Ruhrkampf.

a) Die handelspolitischen Bestimmungen des Saarstatuts.

Es ist nicht möglich, die Wirkungen der Markinflation und der Frankenwährung auf die Wirtschaft des Saargebiets vollständig darzustellen, ohne ein genaues Eingehen auf die ständig wechselnden zollpolitischen Bedingungen, denen die saarländische Produktion seit dem Jahre 1919 unterlegen hat.

Über die zollpolitische Stellung des Saarbeckens zwischen Deutschland und Frankreich bestimmt der § 31 des Saarstatuts: „Das Saarbeckengebiet ..... wird dem französischen Zollsystem unterworfen ..... Fünf Jahre nach Inkrafttreten des vorliegenden Vertrages genießen die im Saarbeckengebiet hergestellten und daher kommenden Erzeugnisse Einfuhrfreiheit in Deutschland. Während derselben Zeit ist die deutsche Einfuhr nach dem Saarbecken für Erzeugnisse, die zum örtlichen Gebrauch bestimmt sind, von Zollabgaben befreit.

Im Laufe dieser fünf Jahre behält sich die französische Regierung vor, für jeden Gegenstand, der aus dem Saarbeckengebiet kommt und in dem sich Rohstoffe oder Halbfertigfabrikate befinden, die zollfrei aus Deutschland gekommen sind, die in Frankreich zugelassenen Mengen zu beschränken, und zwar auf Grundlage der jährlichen Durchschnittsmengen, die im Laufe der Jahre 1911 bis 1913 nach Elsaß-Lothringen und Frankreich eingeführt worden sind ..."

Bis zum 10. Januar 1925 stand also das Saargebiet nach Deutschland wie nach Frankreich hin offen, gehörte, wenn auch nicht juristisch, so doch praktisch beiden Zollgebieten an.

b) Die Beherrschung des saarländischen Absatzmarktes durch die deutsche Außenhandelskontrolle.

Die plötzliche Öffnung der Saarzollgrenze nach Frankreich hin hatte, wie wir gesehen haben, zuerst im Jahre 1919 für die Saarländer sehr böse Folgen. Der niedrige deutsche Währungsstand führte zu einem lebhaften Ausverkauf nach Lothringen und Frankreich, der um so unerwünschter war, als damals in den ersten Zeiten der Rheinlandbesetzung ein Warenbezug aus dem rechtsrheinischen Deutschland unmöglich war.

Mit dem Inkrafttreten des Friedensvertrages und dem Amtsantritt der Regierungskommission besserte sich die Lage. Die schon von der Militärbehörde eingerichtete und von der Regierungskommission nach einem mißglückten Versuch der Aufhebung wiederhergestellte saarländisch-französische Zollkontrolle im Sinne des letzten Absatzes des angeführten § 31 und die wiederhergestellte Verbindung mit dem rechtsrheinischen Deutschland fügte das Land praktisch dem deutschen Wirtschaftsgebiete wieder ein.

Nachdem infolge der herrschenden Verwirrung zuerst von den deutschen Firmen vielfach Valutaaufschläge für den Export nach dem Saarlande genommen worden waren, trat Anfang Februar 1920 eine Neuregelung ein. Der Warenbezug der saarländischen Firmen aus dem Reiche wurde von der deutschen Außenhandelskontrolle entsprechend den bisherigen Jahresbezügen kontingentiert. Denn bei der in Deutschland herrschenden Warenknappheit hatte man keinerlei Interesse an einem Weiterverkauf der billigen deutschen Waren nach Frankreich. Die Kontingentierung scheint allerdings nicht ganz reibungslos und zu aller Zufriedenheit abgegangen zu sein, denn bald darauf häuften sich in der Tagespresse die Klagen über bürokratisches Durcheinander. Im Sommer 1920 suchten die Franzosen zeitweise die Belieferung des Saarlandes mit deutschen Waren zu stören durch Forderung von gegen hohe Gebühren visierten Ursprungszeugnissen. Doch wurde der Visumzwang bald wieder aufgehoben und der Warenverkehr erleichtert.

Mit dem Ein- und allmählichen Vordringen des Franken mehrten sich im Saargebiet die Besorgnisse, das Deutsche Reich möchte aufhören, das Saargebiet zu den deutschen Inlandspreisen zu beliefern. Doch hat die Reichsregierung aus politischen Gründen immer wieder von einer Änderung abgesehen. Gelegentlich zugesandte deutsche Angebote mit Frankenpreisen wurden stets mit kräftigen Protesten beantwortet.

Dagegen begegnete man häufig den Klagen französischer Blätter und Fachzeitschriften über die Unterbietung des französischen Grenzmarktes durch deutsche, aus dem Saargebiet hinausgeschmuggelte Waren. Bald forderte man die Frankeneinführung im Saargebiet, besonders die Löhnung der Arbeiter in Franken, um dieser Konkurrenz ein Ende zu machen, bald fürchtete man die Frankeneinführung, da dann der saarländische Kaufmann zu lächerlich billigen Preisen in Deutschland einkaufen könne, um bei einem Verkauf zum halben französischen Preise immer noch mit großem Gewinn nach Lothringen exportieren zu können.

Auf der anderen Seite hatte auch die Saarindustrie nach Einführung des Franken ihrerseits unter der deutschen Valutaunterbietung zu leiden, wie die oben besprochene Krise der Gruben und Eisenhütten in den Jahren 1921 und 1922 zeigt.

Über den Anteil Deutschlands und Frankreichs am saarländischen Handel geben uns die Antworten auf eine im Frühjahr 1921 von der Regierungskommission an die Wirtschaftskreise gerichtete Umfrage wegen der beabsichtigten Erweiterung des Frankenumlaufs einige Auskunft[1]). Aus Frankreich wurden damals vor allem bezogen: Lebens- und Genußmittel, Weine und Textilien. Es handelt sich dabei hauptsächlich um alte Geschäftsverbindungen nach dem Elsaß. Ferner kamen Drogen und Schuhe zu 8 bis 9% aus Frankreich, alles andere in geringeren Mengen. Lediglich aus Deutschland kamen: Eisenwaren, Haus- und Küchengeräte, Bücher- und Papierwaren, Fahrräder und Nähmaschinen, Installationsmaterial und Geräte der Elektrotechnik, Arzneien und Chemikalien sowie Klaviere. Alle sonstigen Waren wurden zu über 90% aus Deutschland bezogen.

2. Der Einfluß des Ruhrkampfes und der Zwangsbeschränkungen.

a) Die Eroberung des saarländischen Absatzmarktes durch den französischen Export.

Mit dem Ruhrkampfe veränderte sich die Lage von Grund auf. Zwar lieferte Deutschland auch nach der Währungsverordnung noch unentwegt zu Markpreisen. Aber einerseits erschwerten die neu aufgerichtete französische Rheinzollinie und die auf den rheinischen Bahnen herrschenden Zustände die Warenzufuhr aus dem rechtsrheinischen Deutschland ganz außerordentlich. Andererseits stiegen in Deutschland in dieser letzten Zeit der Inflation infolge der sich überall durchsetzenden Goldrechnung die Warenpreise mit großer Geschwindigkeit, um bald die Weltmarktpreise beträchtlich zu überflügeln. Infolgedessen kam die nunmehr überflüssig gewordene Außenhandelskontrolle am 1. Oktober 1923 in Fortfall.

Diese doppelte Abschnürung vom einst so billigen deutschen Lieferanten führte zu einer weitgehenden Umstellung des saarländischen Handels. Der französische Großhandel benutzte die Gelegenheit, den herrenlos gewordenen saarländischen Markt sich anzueignen, in großzügiger Weise. Die billigen Preise, die durch den seit April 1923 ziemlich stetig fallenden Franken ermöglicht wurden, die Möglichkeit der schnellen Belieferung ohne Ausfuhrschwierigkeiten, die Gewährung langer Zahlungsfristen führten zu einer gewaltigen Steigerung des französischen Saarexportes. Der Wert der französischen Ausfuhr nach dem Saargebiet, der für die Zeit vom 1. Januar bis zum 31. Juli 1922 197 091 000 Franken betragen hatte, stieg für die gleiche Zeit des Jahres 1923 auf 406 470 000 Franken[2]). Diese Bewegung setzte sich in das Jahr 1924 hinein fort. Frankreich exportierte nach dem Saargebiet

---

[1]) Abgedruckt im Amtlichen Weißbuch S. 266 ff.

[2]) Ein Teil dieser Steigerung ist allerdings scheinbar und auf den inzwischen gefallenen Frankenwert zurückzuführen.

im Januar 1923 für 21 418 000 Frcs.
im Januar 1924 für 68 213 000 Frcs.

Die Ausfuhr des Saargebiets nach Frankreich dagegen war einer Steigerung offenbar nicht fähig. Sie belief sich

im Januar 1923 auf 61 388 000 Frcs.
im Januar 1924 auf 55 371 000 Frcs.

Die Handelsbeziehungen zu Frankreich waren also sehr einseitiger Art. Eine entsprechende Gegenausfuhr bestand nicht.

Die französische Einfuhr erstreckte sich auf alle Gebiete des saarländischen Bedarfs. Nur dort vermochte sie nicht Fuß zu fassen, wo aus Geschmacks- und anderen Gründen weitgehende Unterschiede herrschten. Das war vor allem der Fall bei Möbeln, besseren Textilwaren, Arzneimitteln, dann bei Maschinen, Werkzeugen und deren Ersatzteilen, da die Typisierung und Normung der französischen Maschinen eine andere ist, aus den gleichen Gründen bei den Gegenständen der Elektrotechnik und bei Kleineisenwaren. Einen großen Anteil an der französischen Ausfuhr hatten dagegen Automobile.

Die Ereignisse dieser Jahre spiegeln sich deutlich in den amtlichen Zahlen der deutsch-saarländischen und französisch-saarländischen Handelsnachweise wieder. 1919 Auffüllung der Läger aus Frankreich; 1920 bis 1922 Import aus dem Reiche in das teure Saargebiet, Export aus dem Saargebiet in das noch teurere Frankreich; 1923 Überschwemmung des Saargebiets mit französischen Waren. 1924 Ausfuhr aus dem Saargebiet in das teurere Reich.

	Ausfuhr aus dem Saargebiet in das Reich (in Tonnen)	Einfuhr aus dem Reich in das Saargebiet (in Tonnen)
1920	361 632,3	1 004 131,1
1921	893 731,7	985 896,6 (Mai—Dezember)
1921	1 338 651,3	1 732 015,0
1923	397 747,9	304 250,0
1924	640 256,8 = 79 682 000 RM.	204 848,0 = 70 035 000 RM.

	Ausfuhr aus dem Saargebiet nach Frankreich (in Franken)	Einfuhr aus Frankreich in das Saargebiet (in Franken)
1919	86 359 000	125 157 000
1920/21	1 536 292 000	491 653 000
1922	654 071 000	365 832 000
1923	711 480 000	967 110 000

b) Die Zwangsbeschränkung der deutschen Einfuhr im Jahre 1924.

Am 10. Januar 1925 sollte die Zollgrenze zwischen dem Saargebiet und dem Deutschen Reiche wirksam werden. Am 6. Januar 1924 erließ die Regierungskommission eine Verordnung, welche die Vorbereitung dieses Ereignisses im Auge hatte, wenigstens so, wie die Regierung es auffaßte.

Die deutsche Ausfuhr nach dem Saargebiet wurde Zwangsbeschränkungen unterworfen. Den saarländischen Firmen wurden für ihre Einfuhr Kontingente festgesetzt, die berechnet wurden nach dem Durchschnitt ihrer Einfuhr in den Jahren 1920 bis 1922 zuzüglich eines Aufschlages von 10% und abzüglich ihrer Lagerbestände. Der Sinn der Maßnahme war, eine Vorratsanhäufung, die sich dann in einer verminderten Zolleinnahme ausdrücken mußte, zu verhindern. Der Regierungskommission lag daran, anstatt den Zollübergang möglichst zu mildern, ihn im Gegenteil so früh und so scharf wie möglich eintreten zu lassen. Die Frage nach der Rechtmäßigkeit der Maßnahme ist wiederum eine Frage der Auslegung des Friedensvertrages. Denn in § 31 des Saarstatuts heißt es: „Während derselben Zeit (fünf Jahre) ist die deutsche Einfuhr nach dem Saarbeckengebiet für Erzeugnisse, die zum örtlichen Gebrauch bestimmt sind, von Zollabgaben befreit.“ Die Regierung verstand unter „örtlichem Gebrauch“ nach ihrem Schreiben an den Generalsekretär des Völkerbundes vom 7. Juni 1924 nur den örtlichen Verbrauch der Jahre 1920 bis 1925. Nach dieser die Worte des Friedensvertrages einschränkenden Auslegung waren also alle am 10. Januar 1925 nicht aufgebrauchten Warenbestände von der Zollfreiheit ausgeschlossen.

Den Zwangskontingentierungen war eine andere Maßnahme vorausgegangen. Vom März 1923 an wurde für deutsche Einfuhrwaren ein Bestimmungsausweis gefordert, den der saarländische Empfänger sich bei der saarländischen Einfuhrkontrollstelle der Regierungskommission in Saarbrücken ausstellen lassen mußte und für dessen Erlangung der Nachweis zu führen war, daß die Waren im Saargebiet verbleiben würden. Auch diese Erschwerung hatte dazu beigetragen, die deutsche Einfuhr im Jahre 1923 zu vermindern. Die Handhabung der Bestimmungsausweise gab zu lebhaften Klagen über schikanöse Behandlung Anlaß. Es kam vor, daß rechtzeitig eingetroffene Weihnachtswaren erst zu Ostern ausgeliefert wurden. Im Dezember 1923 wurde dann die Annahmesperre für Bestimmungsausweise verkündet, da nunmehr die Kontingentierungen in Kraft treten sollten. Ehe aber die Büros mit der Festsetzung der Kontingente fertig waren, vergingen Monate, so daß Mitte März 1924 die Warensperre immer noch in Kraft war. Als dann die Kontingentierungen wirksam wurden, erhoben sich von allen Seiten Klagen über deren Kleinheit, ihre Erschöpfung im Spätsommer wurde vorausgesagt. Außerdem hatte aber die Regierung noch Gesamtkontingente für die einzelnen Waren festgesetzt, deren Höhe mit der Summe der Einzelkontingente nicht übereinstimmte. So konnte dann plötzlich eine Firma, die Bestimmungsausweise beantragte, erfahren, daß das Gesamtkontingent der fraglichen Ware erschöpft sei.

Besonders lebhaft war die Maschineneinfuhr. Für sie hatte die Regierungskommission eine Sonderreglung getroffen. Voll befriedigt wurde die Nachfrage nach Werkzeugmaschinen und Werkzeugen für Kleinbetriebe. Maschinen zum Ersatze von im Saargebiet in Betrieb befindlichen waren zollfrei nur, wenn sie sich im Saargebiet selbst nicht beschaffen ließen. Noch stärker beschnitten war der Bezug von Maschinen, die zur Vergrößerung in Betrieb befindlicher Werke dienen sollten. An letzter Stelle endlich standen Maschinen zur Neueinrichtung von Betrieben. Der Grund für diese besonders scharfe Bezugsbeschränkung ist vielleicht zum Teil in der Tatsache zu erblicken, daß die französischen Zölle auf Maschinen die höchsten und daher für die Saarregierung die einträglichsten sind. Da für deutsche Waren infolge des Nichtbestehens eines Handelsvertrages der französische Generaltarif galt, waren sie etwa viermal so hoch wie auf Maschinen anderer Herkunft und betrugen bis zu 80% vom Wert. Ja, um eine Vorversorgung in Maschinen möglichst wirksam zu verhindern, wurde festgesetzt, daß vom August ab Bestimmungsausweise für Maschinen überhaupt nicht mehr erteilt werden sollten. Dabei waren viele Maschinen seit Monaten bestellt und teilweise schon bezahlt.

Obwohl auf deutsche für das Saargebiet bestimmte Waren kein Zoll gezahlt wurde, forderte die französische Zollbehörde doch vom Empfänger äußerst komplizierte Zolldeklarationen. So wurden z. B. bei marinierten Heringen in Blechdosen gesonderte Angaben verlangt über das Gewicht der Heringe, des Essigs, des Öls, des Pfeffers, der Nelken, der Lorbeerblätter, des Paprika und der Blechdose [1]).

Alle diese vertragswidrigen Behinderungen der deutschen Ein-

---

[1]) Nach „Die mißbräuchliche Ausnutzung des Saargebietes durch Frankreich." Denkschrift der sozialdemokratischen, Zentrums- und deutschsaarländischen Fraktion des Landesrats vom 9. August 1924.

Das französische Zolltarifsystem ist völlig veraltet und in seiner Anlage ausgesprochen handelsfeindlich. Trotz seiner Kompliziertheit gibt es keine Auskunfterteilung durch den Zollbeamten. Jeder Fehler in der Deklarierung wird als aus betrügerischer Absicht heraus geschehen mit hohen Zollstrafen belegt, an denen der Beamte mit einem Drittel beteiligt ist.

Im deutschen Zolltarif ist z. B. eine Nähmaschine eine Nähmaschine. Im französischen ist mit genauer Gewichtsangabe zu deklarieren 1. Nähmaschinenkopf, 2. Nähmaschinenunterteil, 3. Waren aus vernickelten Metallen (Antriebsrad), 4. Nähmaschinennadeln, 5. Klempnerwaren. 6. Treibriemen, 7. Werkzeuge, 8. Möbel-Schutzkasten, 9. Artikel aus Blech (Ölkännchen), 10. Drucksachen usw.

So bieten sich neben den eigentlichen Zollsätzen unendliche Möglichkeiten der Handelsschikane.

fuhr führten schließlich zu einer Beschwerdenote der Reichsregierung an den Völkerbund, die in der Sitzung des Völkerbundsrates am 17. Juni 1924 besprochen wurde. Die deutsche Beschwerde hatte Erfolg insofern, als der Völkerbundrat die Saarregierung, wenn auch nicht offiziell, so doch immerhin tatsächlich wissen ließ, daß er ihr Vorgehen zu decken nicht in der Lage sei.

Die Folge des Völkerbundseingreifens war eine erhebliche Milderung in der Handhabung der erlassenen Bestimmungen. Vom 21. Oktober 1924 ab war für die Ausfuhr nach dem Saargebiet erforderlich der vom saarländischen Empfänger einzuholende Bestimmungsnachweis und ein am Versandorte ausgestelltes Ursprungszeugnis. Für die saarländische Einfuhr nach Deutschland forderte das Reich ein vom Delegierten des Reichskommissars gegengezeichnetes Ursprungszeugnis der Handelskammer Saarbrücken.

Der innere Sinn all dieser Handelsbeschränkungen des Jahres 1924 ist klar. Der durch die Verkehrssperre während des Ruhrkampfes eingetretene Zustand der Abhängigkeit von der französischen Einfuhr, der damals viel besprochenen „Orientierung nach Westen", sollte unbedingt aufrechterhalten bleiben, bis die neue Zollgrenze in Kraft trat. Ob diese von der Regierungskommission durchgeführte Politik mehr dem Wohle der ihr anvertrauten Bevölkerung oder dem Frankreichs diente, bleibe dahingestellt.

3. Die deutsch-saarländische Zollgrenze.

a) Die französischen Zölle.

Am 10. Januar 1925 trat die Zollgrenze zwischen dem Saargebiet und dem Deutschen Reiche in Kraft, und mit ihr der französische Generaltarif. Damit fielen Bestimmungsausweis und Ursprungszeugnis fort.

Der französische Generaltarif zeigt Zollfreiheit vor allem für industrielle Rohstoffe und für Lebensmittel. Im übrigen ist er ein ausgesprochener Hochschutzzolltarif. Einige Beispiele von damals geltenden Sätzen mögen das belegen.

Zollsätze für:	Franken per kg
Textilien, Anzüge, beste Qualität ...	36,20
„ „ billigere „	28,80
Hosenträger und Strumpfbänder	36,80
Material für Tischleinen	133,56
Bettzwillich	17,47
Bandwaren	11,54
Chiurgische Insrteumente	6,80
Glas und andere wissenschaftliche Instrumente	25,20
Schreibmaschinen	30,—
Jod	50,—
andere Chemikalien	60% vom Wert, einschließlich Fracht und sonstigen Kosten

Zollsätze für;	Franken per kg
Möbel	4—6
Stiefel das Paar	33,60
Motorfahrzeuge	180% vom Wert
Stiefel das Paar	33,60
Schuhe „ „	14,40
Klaviere	70% und 90% je nach Wert.

Die kurze Aufzählung gibt bereits ein Bild von der Art und Höhe des in Kraft tretenden Tarifes. Dazu muß beachtet werden, daß sich im Saargebiet damals nur unbedeutende Ansätze einer Textilindustrie und Möbelindustrie befanden, daß wissenschaftliche Instrumente und Arzneimittel nur aus Deutschland bezogen wurden, und daß gerade bei diesen Warengruppen sowie bei der Fußbekleidung sehr starke Geschmacks- und Gewöhnungsunterschiede zwischen Deutschland (samt dem Saargebiet) und Frankreich herrschen. Auf die Zollbelastung des Maschinenbezuges, auf den die Saarindustrie wegen der verschiedenen Normung angewiesen blieb, ist an anderer Stelle bereits hingewiesen worden. Dem entsprechend machte man sich im Saargebiet seit langem Sorge über die voraussichtliche Wirkung des kommenden Zollabschlusses.

b) Die deutschen Zölle.

Auch die deutschen Tarife, besonders die Eisenzölle, mußten die Saarwirtschaft in eine schwierige Lage bringen.

Frankreich erzeugte 1913 etwa 5 200 000 t Roheisen und etwa 4 700 000 t Stahl,
Elsaß-Lothringen über 3 360 000 t Roheisen und etwa 2 260 000 t Stahl,
das Saargebiet etwa 1 370 000 t Roheisen und 2 080 000 t Stahl,
und Luxemburg etwa 2 550 000 t Roheisen sowie 1 340 000 t Stahl [1]).

Bis zum Jahre 1925 stand Elsaß-Lothringen, dem Saargebiet und dazu noch Luxemburg die zollfreie Eiseneinfuhr nach Deutschland offen. Von diesem Jahre ab dagegen mußte sich die elsaßlothringische und saarländische Eisenerzeugung auf dem französischen Markte zusammendrängen, wozu dann noch die absatzlos gewordene luxemburgische Konkurrenz kam. Damit würde sich die Erzeugung des französischen Zollgebiets mit nahezu 10 000 000 t Roheisen und über 9 000 000 t Stahl fast verdoppelt haben. Die hierdurch auf dem innerfranzösischen Markte zu erwartenden Zustände ließen das Schlimmste befürchten.

Dabei war der Saareisenindustrie in dem dann bevorstehenden Konkurrenzkampfe keine günstige Prognose zu stellen. Die Saar-

[1]) Vgl. dazu die Zahlen im Anhang.

eisenindustrie steht auf Kohle und ist auf lothringische Minette angewiesen [1]). Der Saarkoks ist billig, aber, wie schon ausgeführt, infolge seiner Brüchigkeit schlecht transportfähig. Im Vergleich mit den lothringischen Werken ist die Saareisenindustrie in ihren Anlagen veraltet. Die lothringische Eisenindustrie steht auf Minette. Sie spart infolgedessen die hohen Transportkosten für die wenig ergiebige Minette, von der 3½ t Erz erst 1 t Eisen geben. Die Saarindustrie mußte im Sommer 1924 für die Tonne transportierter Minette 12 Franken [2]) bezahlen, d. h. für die Tonne Roheisen 40 bis 42 Franken mehr als die überdies moderneren lothringischen Werke. Das ist ein Unterschied, den auch die Billigkeit des Kokses nicht ausgleicht.

Es ist schwer, sich von den normalen Exportbedingungen der Saarindustrie nach Deutschland ein einwandfreies Bild zu machen, da die Jahre seit dem Waffenstillstand alle als unnormal angesehen werden müssen. Immerhin mögen einige Zahlen eine ungefähre Vorstellung geben.

Von den Erzeugnissen der Eisenindustrie, die 35 000 Arbeiter beschäftigte, gingen im Jahre 1913 Stab- und Formeisen, Eisenbahnschienen, Schwellen, eiserne Röhren und Säulen zu 65 bis 75% nach Deutschland, nach Frankreich 0,7%, Thomasmehl zu 80% nach Deutschland.

Die Erzeugnisse der keramischen und Glasindustrie wurden zu 80 bis 100% in Deutschland abgesetzt, nur 1,7% der Keramik dagegen in Frankreich.

Die Erzeugnisse der weiterverarbeitenden Industrie wurden zu 60 bis 100% nach Deutschland verkauft, davon 60 bis 80% nach dem rechtsrheinischen.

Diese Angaben aus dem Jahre 1913 mögen durch einige neuere Zahlen ergänzt werden. Vom Gesamtexport des Saargebiets gingen nach der französischen Zollstatistik von 1922 nach Deutschland [3]):

Eisen und Stahl	zu 52,66%,
Tonwaren, Glas, Kristall	zu 49,14%,
Metallwaren, Maschinen	zu 79,96%,
chemische Erzeugnisse, darunter Thomasmehl	zu 64,12%,
Leder und Lederwaren	zu 76,64%,
verschiedene Zubereitungen, darunter Seifen	zu 83,70%,
Getränke	zu 94,61%,
Pulver	zu 97,10%.

[1]) 1913 bezog die Saareisenindustrie ihr Eisenerz: aus Elsaß-Lothringen zu 83%, aus dem übrigen Deutschland zu 3%. Die Zahlen zeigen die weitgehende Anhängigkeit von Lieferungen aus dem Westen, der dabei eine ausschließlich gebende Rolle spielt, da der Absatz nach Osten gerichtet ist.

[2]) Nach L'Usine vom 28. Juni 1924. Ich wiederhole die nicht mehr zutreffenden Zahlen der Anschaulichkeit wegen.

[3]) Aus der Denkschrift der Handelskammer Saarbrücken, September 1924.

Sofort nach ihrem Wirksamwerden machte die neue Zollgrenze sich in verhängnisvoller Weise bemerkbar. Ein Bericht [1]) vom Ende Februar 1925 stellt die Lage folgendermaßen dar:

c) Die Wirkung des Zollabschlusses.

Die Ausfuhr nach dem Reiche ist unterbunden. In der Schwerindustrie bleiben Aufträge aus Deutschland fast vollständig aus. Geringe Mengen werden trotz der Zölle ausgeführt, um die Geschäftsverbindung aufrechtzuerhalten. Doch ist diese Ausfuhr mit Verlusten verbunden. Nennenswerte Aufträge in Frankreich zu bekommen, ist wegen des auf diesem Markte herrschenden Überangebots unmöglich. Es wird vorläufig unter Aufrechterhaltung der alten Preise auf Lager gearbeitet, doch stehen Betriebseinschränkungen in Aussicht. Die Schwerindustrie beschäftigt 35 000 Arbeiter.

In der keramischen Industrie, die groß genug ist, um ganz Frankreich zu versorgen, hat sich der Auftragsbestand und der Versand um 50% vermindert. Der französische Markt ist übersättigt, außerdem sind Fabrikation und Maschinen auf deutsche Bedürfnisse und Geschmacksrichtungen eingestellt. Es mußten bereits Feierschichten eingelegt werden, doch muß man mit einer Produktionseinschränkung von 60% rechnen. Die keramische Industrie zählt 1200 Arbeiter.

Von der Glasindustrie fordern die deutschen Abnehmer zollfreie Lieferung. Da die Werke hierauf nicht eingehen können, ist ein Auftragsbestand aus Deutschland so gut wie nicht vorhanden. Das bedeutet einen Produktionsausfall von 35 bis 40%. Da mit einem Steigen der Aufträge aus Frankreich nicht zu rechnen ist, muß für die Tafelglashütten, die früher 25% des gesamten deutschen Tafelglases erzeugten, eine Betriebseinschränkung ins Auge gefaßt werden. Die Glasindustrie beschäftigte 2000 Arbeiter.

Von der weiterverarbeitenden Eisenindustrie melden sieben Betriebe einen Auftragsrückgang um 33%. Fast ohne Erzielung von Gewinnen ist es möglich, einiges nach Frankreich, Skandinavien und dem Orient abzusetzen. Betriebe, die bisher nur auf Absatz in Deutschland angewiesen waren, konnten seit dem 10. Januar überhaupt nichts mehr versenden; Betriebseinschränkungen sind zum Teil bereits eingetreten, zum Teil stehen sie bevor. Die weiterverarbeitende Eisenindustrie beschäftigt 10- bis 12 000 Arbeiter.

Von anderen Gewerbezweigen sind besonders die 1920 bis 1923 entstandene Tabakindustrie, die sieben Betriebe der Seifenindustrie, die Papierindustrie, die chemische Industrie und die an der Grenze gelegenen Brauereien betroffen, die bisher 80 bis 85% ihrer Erzeugung nach dem Reiche lieferten.

Was die Einfuhr aus Deutschland betrifft, so sei festzustellen, daß die Versorgung mit deutschen Waren nicht, wie die Regierungskommission geschätzt hatte, für ein halbes Jahr ausreicht, da

[1]) Saarwirtschaftszeitung vom 26. Februar 1925.

Kreditnot und technische Schwierigkeiten einem Bezuge in diesem Umfange entgegenstanden [1]). Besonderer Mangel herrsche in Maschinen und Waren der Elektrotechnik, da hier französische Erzeugnisse nicht brauchbar seien. Doch werde mit der Einfuhr dieser Waren in der Hoffnung auf eine bevorstehende Regelung noch gezögert. Sehr unangenehm mache sich auch der 60 prozentige Wertzoll auf deutsche Medikamente bemerkbar, der bereits zu einem Proteste des 300 000 Mitglieder umfassenden Krankenkassenverbandes geführt habe.

Soweit dieser Wirtschaftsbericht.

d) Die französische Auffassung von der Saarzollfrage.

Im Oktober 1924 begannen die deutsch-französischen Handelsvertragsverhandlungen, die auch das handelspolitische Schicksal des Saargebiets entscheiden mußten. Vergebens bemühte sich die Saarbevölkerung, die Regierungskommission zu einer Vertretung der saarländischen Interessen im Sinne einer Erleichterung des Zollabschlusses zu bewegen. Sie verharrte in völliger Passivität, die der Präsident Rault damit begründete, daß die Regierungskommission lediglich die Pflicht habe, den Friedensvertrag, soweit er das Saargebiet betreffe, zur Ausführung zu bringen, daß ihr also ein Vorschlagsrecht auf Abänderung des Friedensvertrages nicht zustehe. Als Mitte Januar 1925 eine saarländische Abordnung bei dem französischen Handelsminister Raynaldy vorsprach, zeigte sich, daß man auch in Frankreich die Schwierigkeiten der Lage keineswegs begriffen hatte. Raynaldy erwiderte auf die ihm vorgetragenen Wünsche, „er habe den Eindruck, daß man übertreibe; man spreche ständig von der zu erwartenden Katastrophe, man müsse doch erst einmal abwarten. Er erkläre aber schon jetzt, daß Frankreich bereit sei, auftretende Schwierigkeiten zu mildern. Das Saargebiet genieße die Vorteile des französischen Zollsystems, so daß es auch die entstehenden Nachteile auf sich nehmen müsse [2])".

Bald aber sah man in Paris doch ein, daß man auf diesem negativen Standpunkte nicht verharren könne, und Ende März 1925 begab sich der französische Ministerialdirektor Serruys nach Saarbrücken, um dort mit den saarländischen Wirtschaftskreisen Fühlung zu nehmen. Dabei zeichneten sich bereits ziemlich deutlich die Linien ab, die die französische Wirtschaftspolitik zu verfolgen beabsichtigte.

Von der saarländischen Wirtschaft wurde gefordert: die zoll-

---

[1]) Dem widerspricht vielleicht der Bericht der Vereinsbank Saarbrücken e.G.m.b.H. für das Jahr 1925 in gewissem Umfang, der erklärt, daß die Kreditkrise dieses Jahres durch allzu starke Vorratsanhäufung noch verschärft worden sei.

[2]) Nach „Die unhaltbare zollpolitische Lage des Saargebietes." Denkschrift des Zentrums und der deutsch-saarländischen Volkspartei vom 16. Februar 1925.

freie Ausfuhr nach Deutschland für alle die Erzeugnisse der Eisen-, Glas- und keramischen Industrie sowie der Kohlengruben, deren Unterbringung auf dem französischen Markte nicht gelinge; ferner die Nachprüfung der Positionen des französischen Zolltarifs unter dem Gesichtspunkte der Ermöglichung der für das Saargebiet lebensnotwendigen deutschen Einfuhr; endlich die Teilnahme der Saarregierung und Sachverständiger des Saargebiets an den Verhandlungen.

Serruys umschrieb den Standpunkt der französischen Regierung dahin, daß eine Sonderregelung der Handelsbeziehungen zwischen Deutschland und dem Saargebiet als Teil des französischen Zollgebiets nur soweit gestattet werden könne, soweit eine Sonderlage bestehe. Für die saarländische Ausfuhr sei das der Fall bei der keramischen und Glasindustrie; für die Einfuhr bei gewissen industriellen Rohstoffen und Halbfabrikaten, bei Baustoffen, Maschinen, Werkzeugen, Ersatzteilen, Möbeln und Haushaltungsartikeln. Abzulehnen sei eine Sonderregelung für die Saareisenindustrie, da für Lothringen, das seit dem 10. Januar 1925 ebenfalls des freien Absatzes nach Deutschland verlustig gegangen sei, genau dieselben Verhältnisse beständen. Für beide Industriegebiete gemeinsam müsse Deutschland Konzessionen machen. Eine Beteiligung der Saarregierung an den Zollverhandlungen sei gleichfalls abzulehnen, da nur Frankreich das Recht der Vertretung des Saargebietes in Zollsachen habe. Endlich sei zu betonen [1]), daß Frankreich eine autonome, außervertragliche Regelung Deutschlands, wonach dieses dem Saargebiet für seine Eisenausfuhr Zollfreiheit gewähren würde, nicht zulassen werde. Ein Teil des französischen Zollgebietes könne nicht von einer auswärtigen Macht zu ungunsten eines anderen Teiles begünstigt werden.

Von dieser französischen Erklärung sind drei Punkte besonderer Beachtung wert; juristisch die Behauptung, daß das Saargebiet zu Frankreich in einer Art von zollpolitischem Protektoratsverhältnis stehe, ihm also eine rein passive Haltung zukomme. Von dieser Rechtsfiktion ist Frankreich im Laufe der Verhandlungen später wieder abgekommen, aber wohl mehr unmerklich als bewußt. Sie könnte jederzeit wieder behauptet werden. Praktisch die Erklärung, die Saareisenfrage mit der lothringischen Eisenfrage verbinden zu wollen. Das Saargebiet soll also ein Handelsobjekt sein, um Frankreich dafür Vorteile zu verschaffen [2]). Juristisch wie praktisch ist die letzte Erklärung von Belang, daß Frankreich eine einseitige Begünstigung des Saargebiets durch Deutschland nicht dulden wolle.

---

[1]) Diese Erklärung gab Serruys bereits am 10. März bei einer Besprechung mit Saarwirtschaftskreisen in Paris ab.

[2]) „La Sarre, du moins son régime économique, constitue pour nous une monnaie d'échange" schrieb die Zeitschrift „Réforme Économique".

e) Die Zollstundungen. Diese letzte Erklärung zielt auf die deutschen Zollstundungen hin, die zu verhindern ihr allerdings nicht gelang. Seit Ende März 1925 begann die deutsche Regierung in immer zunehmendem Maße, die von den saarländischen Firmen für ihre Ausfuhr nach Deutschland zu zahlenden Zollgebühren auf deren Antrag zu stunden. Diese Zollstundungen sind dann immer wieder von Monat zu Monat verlängert worden. Sie stellen ein Rechtsgeschäft zwischen der Exportfirma und der deutschen Zollverwaltung dar, auf das Einfluß zu nehmen Frankreich praktisch nicht in der Lage ist. Die Zollstundungen haben die Lage der saarländischen Wirtschaft sehr erleichtert. Nur die Tabakindustrie glaubte, ihre Inanspruchnahme nicht wagen zu können. Sie war größtenteils in den Jahren 1920 bis 1923 entstanden, zur gleichen Zeit, als auch im Reiche eine Blütezeit dieses Gewerbezweiges herrschte, und setzte bis zum Zollabschluß etwa 60% ihrer Erzeugnisse in Deutschland ab. Der deutsche Zolltarif brachte einen Zoll von 5000 bis 9000 Mark auf 100 kg Fertigfabrikate. Da der Warenwert von 100 kg etwa 280 Mark beträgt, so konnte man eine Stundung so hoher Beträge nicht wagen. Die Folge war, daß die 29 Betriebe der Tabakindustrie von ihren 1500 Arbeitern und Angestellten nur noch ungefähr 20% beschäftigen konnten.

Zu dem so wenigstens als Notausgang wiedergewonnenen deutschen Markte gelang es der Saarindustrie allmählich, neue Absatzmärkte — wenn auch nicht in ausreichendem Maße — zu finden, so in Frankreich und den französischen Kolonien, ferner in Schweden, Norwegen und Dänemark, in Holland, Belgien und England, endlich in Spanien, Italien, auf dem Balkan und in Ostasien.

4. Die deutsch-französischen Wirtschaftsverhandlungen und die wirtschaftliche Rückgliederung des Saargebiets.

a) Die ersten Fehlschläge. Im Frühjahr 1925 kam es zu einem Wirtschaftsabkommen zwischen der französischen, saarländischen und luxemburgischen Eisenindustrie (dem sogenannten Luxemburg-Abkommen). Es trat jedoch nicht in Kraft, da die Voraussetzung dazu das Zustandekommen des deutsch-französischen Handelsvertrags sein sollte.

Einen kleinen Schritt vorwärts kam man am 11. Juli desselben Jahres durch den Abschluß des Saarzollabkommens zwischen Deutschland und Frankreich. Das Saarzollabkommen gestattete die Einfuhr deutscher Maschinen in gewissem Umfange und setzte ein Wertkontingent für deutsche Medikamente fest, das allerdings kaum den zehnten Teil des beantragten umfaßte. Nicht berücksichtigt wurden die saarländischen Einfuhrwünsche für Textilien, Möbel, Schuhe, Haushaltungsgegenstände, Leder und Zement.

Das wichtigste zu regelnde Gebiet war das der Eisenausfuhr. Hier schoben die Staaten die damit verbundenen Schwierigkeiten von sich ab, indem sie es der privaten Verständigung überließen. Es wurden für das saarländische Eisen Kontingente festgesetzt und dabei bestimmt, daß die Saareisenindustrie für jede Tonne zollfrei ausgeführten Eisens der lothringischen Schwerindustrie eine Rückvergütung zu zahlen habe, deren Höhe der freien Vereinbarung dieser beiden überlassen wurde. Das Inkrafttreten des Saarzollabkommens wurde vom Zustandekommen dieser privaten Vereinbarung abhängig gemacht. Dem Vernehmen nach forderte die lothringische Industrie eine Vergütung von 6 Mark pro Tonne. Da das der Saarindustrie zu hoch schien, ist auch das Saarzollabkommen niemals wirksam geworden.

b) Anpassungsversuche der Saarwirtschaft.

So blieb denn die Saarindustrie auch weiterhin auf die deutschen Zollstundungen zu ihrer Erhaltung angewiesen. Auch die Regierungskommission mußte in ihrem Bericht für das letzte Vierteljahr des Jahres 1925 an den Völkerbund zugeben, daß Industrie, Handel und Arbeiterschaft sich infolge des plötzlichen Einverleibtwerdens in das französische Zollsystem und des Fehlens eines deutsch-französischen Handelsvertrages in schwieriger Lage befänden. Die Zahl der Arbeitslosen sei von 1331 auf 6900 gestiegen [1]). Eine Besserung der Lage sei nur von einer Besserung der deutsch-französischen Handelsbeziehungen zu erwarten.

Inzwischen paßte sich das Wirtschaftsleben des Saargebietes nach Möglichkeit den veränderten Verhältnissen an. Für die Maschineneinfuhr hatten die Franzosen Zugeständnisse gemacht. Waren des täglichen Bedarfes, wie Lebensmittel, Delikatessen, Seife, Parfüm, Geschirr und Gebrauchsgegenstände wurden alle aus Frankreich bezogen, aus Deutschland nur noch Spezial- und Markenartikel. Dagegen hatte sich für alle größeren, einmaligen Anschaffungen des Hauses, wie Möbel, Öfen, Klaviere und dergleichen der französische Geschmack nicht einbürgern können. Da deutsche Waren dieser Art nicht zu bezahlen waren, verzichtete die Bevölkerung in Erwartung besserer Zeiten auf derartige Käufe. Daneben entstanden im Saargebiete einige neue Gewerbezweige. Vor allem ist die Textilindustrie zu nennen, deren Anfänge in die Jahre 1920—1924 zurückreichen. Sie umfaßt die Herstellung von Strickwaren, Trikotagen, Wäsche, Herrenkonfektion und Arbeiterkleidung. Sie beschränkt sich auf die Herstellung von Qualitätsware, während Luxusware sowie billige Massenartikel aus Frankreich kommen. Daneben entstand eine elektrische Kleinindustrie, die Kleinmotoren und elektrisches Material herstellt.

---

[1]) Diese Zahlen erscheinen gering. Es muß aber zu ihrer richtigen Beurteilung die Kleinheit aller Verhältnisse des Saargebiets beachtet werden, das nur 780 000 Einwohner zählt. Auch ist zu bedenken, daß eine größere Arbeitslosigkeit in einem so kleinen, rein industriellen staatsähnlichen Gebilde viel schwerere Folgen haben muß als in einem größeren Lande.

Endlich riefen die günstigen Umstände auch eine Möbelindustrie und einige kleinere Zweige gewerblicher Betätigung ins Leben. Alle diese Industrien sind entstanden infolge der unnatürlichen Lage, in die die Saarwirtschaft infolge des Zollabschlusses gekommen ist. Ob sie auch bei Wiederkehr normaler Zustände lebensfähig sein werden, muß bezweifelt werden.

c) Die Frage der Eisenindustrie.

Die Eisenfrage fand auch weiterhin keine Regelung. Sie entwickelte sich im Laufe des Jahres 1925 wie folgt [1]): Innerhalb dieses Jahres erzeugte Deutschland (ohne Elsaß-Lothringen) einschließlich des Saargebiets 12 Millionen Tonnen Roheisen, d. h. $1^1/_2$ Millionen weniger als dasselbe Gebiet im Jahre 1913. Frankreich und Elsaß-Lothringen erzeugten $8^1/_2$ Millionen Tonnen Roheisen, d. h. fast ebensoviel wie das gleiche Gebiet im Jahre 1913. In der Gesamtproduktion ergibt das eine Verringerung von $1^1/_2$ Millionen Tonnen, die auf die infolge der Zerreißung der Wirtschaftsgebiete entstandenen Absatzschwierigkeiten zurückzuführen sein dürfte. Stahl erzeugte Deutschland samt dem Saargebiet 1925 $13^3/_4$ Millionen Tonnen, d. h. 1,6 Millionen weniger als 1913. Frankreich samt Elsaß-Lothringen erzeugte $7^1/_2$ Millionen Tonnen, d. h. $^1/_2$ Million mehr als 1913. Hier ergibt sich ein Gesamtfehlbetrag von 1,1 Millionen Tonnen. Die französische Mehrerzeugung über den Stand von 1913 hinaus ist als Folge der Frankeninflation anzusehen. Hätten die deutschen Zollstundungen aufgehört und damit das Saareisen sich dem französischen Markte zugewandt, so wäre dort, besonders in der Zeit der Deflation, eine schwierige Lage entstanden.

Trotzdem stimmten die französischen Äußerungen keineswegs alle darin überein, daß man versuchen müsse, die Saareisenindustrie sobald als möglich abzustoßen. Am 6. November 1925 erschien vielmehr im Journal de l'Est, einem französischen Propagandablatt in Straßburg, ein Artikel, der sich gegen diese Auffassung wandte. Nachdem er erst die oben wiedergegebenen Gedankengänge wiederholt hatte und darauf hingewiesen hatte, daß Frankreich aus dem Kriege nur gerade mit der Vorkriegszahl seiner Bevölkerung, 39 Millionen, aber mit verdoppelter Eisenindustrie — das Saargebiet ungerechnet — hervorgegangen sei, erklärte auch er, daß der französische Eisenexport nur noch auf der Frankeninflation beruhe. Aber es sei falsch, daß die Kreise der französischen Schwerindustrie daraus den Schluß zögen, man müsse die Saareisenindustrie vom französischen Binnenmarkte entfernen. Frankreich, das vor dem Kriege nur für den eigenen Markt gearbeitet habe, müsse exportieren. Stoße man die Saarindustrie ab, so werde man ihr wieder auf dem Weltmarkte begegnen, nun aber als Gegner.

[1]) Vgl. die Zahlen im Anhang.

Gewiß könne man die Saarindustrie nicht zerstören. Aber Frankreich besitze ihre Kapitalmehrheit. Es könne sie seinen Verbänden angliedern und ihre Erzeugung kontingentieren. Das sei besser, als sie den gegnerischen Verbänden des Auslandes zu überlassen.

Dieser Artikel zeigt in hervorragender Weise, zu welch irrsinnigen Konsequenzen die Versailler Gedankengänge führen. Denn für „kontingentieren" dürfte man wohl richtiger „stillegen" lesen.

d) Die vorläufige Lösung der Saarzollfrage.

Am 12. Februar 1926 kam ein vorläufiges deutsch-französisches Handelsabkommen zustande, das gewöhnlich nach seinem Hauptinhalt „Frühgemüseabkommen" genannt wird. Es befaßt sich mit landwirtschaftlichen Erzeugnissen, ohne die eigentlichen Saarfragen zu berühren. Für die Geschichte der Saarverhandlungen ist es deshalb von Interesse, weil in ihm zum ersten Male streng der Grundsatz der Gegenseitigkeit durchgeführt ist. Noch das Saarzollabkommen enthielt sehr einseitige Zollzugeständnisse Deutschlands, denen als französische Gegengabe neben einer Regelung der Maschineneinfuhr im wesentlichen nur ein Entgegenkommen für die Ausfuhr von Zuckerrübenkraut und Christbaumschmuck gegenüberstand.

Endlich am 5. August 1926 wurden das Saarzwischenabkommen und das deutsch-französische Handelsprovisorium unterzeichnet. Das Handelsprovisorium, das sich auf das gesamte französische Zollgebiet bezieht, also Frankreich und das Saargebiet, enthält an Zugeständnissen, die für die saarländische Wirtschaft von Bedeutung sind, vor allem herabgesetzte französische Zölle für Maschinen, chemische und elektrotechnische Erzeugnisse, Möbel, Haushaltungsgegenstände und Musikinstrumente. Das Saarzwischenabkommen ermöglicht besonders eine ausreichende Einfuhr deutscher Medikamente. Die wichtigsten deutschen Zugeständnisse geben der keramischen und Glasindustrie den deutschen Markt zurück und gestatten weiterhin den Export von Tabak.

Mit diesem Abkommen beginnt die Reihe der Vereinbarungen, die schließlich zu einer vorläufigen Lösung der Zollfrage führten. Das vorerst größte Problem, die Absatzfrage für die Eisenindustrie, fand seine Erledigung durch dem am 30. September 1926 erfolgten Abschluß des europäischen Eisenpaktes. Die Lothringische Eisenindustrie verzichtete damit auf die noch beim Saarzollabkommen vom Juli 1925 geforderte Exportentschädigung seitens der Saarindustrie. Die Saarländischen Eisenwerke traten den deutschen Eisenverbänden bei und genießen damit zollfreien Export nach dem Reiche. Gleichzeitig wurde eine Reihe von Werken von den Franzosen wieder abgestoßen, deren wichtigstes das Neunkirchner Eisenwerk ist. Der Abschluß der Rohstahlgemeinschaft bedeutet für das Saargebiet die wirtschaftspolitische Rückkehr der eisenschaffenden Industrie zu Deutschland und die völlige Aufgabe aller früher seitens Frankreich mit ihr gehegten Absichten.

Diesem wichtigsten Vertrage folgte am 6. November 1926 die Unterzeichnung des sog. Berliner Saarzollabkommens. Es bedeutet die staatsrechtliche Genehmigung der privatrechtlichen Eisenverträge, die den zollfreien Abfluß der saarländischen Eisenerzeugnisse aller Art, einschließlich der weiterverarbeiteten, in das deutsche Zollgebiet vorsehen. Den sich daraus ergebenden deutschen Konzessionen stehen französische gegenüber, die sich auf Erleichterungen für die Maschineneinfuhr beziehen. Hatte somit das Saarzwischenabkommen vom 5. August 1926 die Ostorientierung für die Saarländische Glas- und keramische Industrie gesichert, so geschah dasselbe für alle Zweige der Eisenindustrie am 6. November 1926 im Berliner Saarzollabkommen [1]). In beiden Fällen wurden die aufgelaufenen Beträge aus der Zollstundung erlassen.

Die beiden Saarabkommen sowie das deutsch-französische Handelsprovisorium vom 5. August 1926 wurden in den folgenden Monaten mehrfach verlängert und am 31. Mai 1927 durch ein Zusatzabkommen ergänzt, das gegen deutsche Konzessionen für den französischen Weinbau Erleichterungen für die Einfuhr von chemischen und elektrischen Produkten sowie Maschinen vorsah und das besondere Vergünstigungen für die Erneuerung und Modernisierung der saarländischen Hüttenwerke und der städtischen Betriebswerke Saarbrücken mit deutschem Material gewährte.

Endlich, am 17. August 1927, kam der lang erwartete deutsch-französische Handelsvertrag zustande. Wenn in ihm auch auf die besondere Lage des Saargebietes keine Rücksicht genommen worden ist, so bedeutet sein Abschluß doch eine wesentliche weitere Verbesserung der Lage der Saarbevölkerung. Durch die Erleichterung der deutschen Einfuhr in das französische Zollgebiet und die Festlegung der Zollformalitäten ist die Möglichkeit der Versorgung des Saargebiets mit den dort benötigten deutschen Waren verbessert worden. Waren die Hauptnutznießer der vorhergegangenen Abkommen Glas-, Keram- und Eisenindustrie gewesen, so kommt der deutsch-französische Handelsvertrag vor allem dem saarländischen Handel zugute.

Durch diese Abkommen ist eine in den Hauptlinien endgültige Regelung der zollpolitischen Beziehungen des Saargebiets zum übrigen Deutschland erreicht worden, soweit das überhaupt unter der Geltung der Bestimmungen des Saarstatuts und des Vertrages von Versailles möglich ist.

---

[1]) Es sieht ein jährliches Eisenkontingent für die Saarindustrie von ca. 1 500 000 t nach Deutschland und 500 000 t nach Frankreich vor.

C. Schluß.

Die gegenwärtige Lage der Saarwirtschaft und die Zukunft des Saargebiets.

a) Rückblick auf die Währungs- u. zollpolitische Entwicklung der Nachkriegszeit im Saargebiet.

Versuchen wir, die beiden hier gezeichneten Bilder von Währung und Zoll stereoskopisch zusammenzusehen, so ergibt sich der Eindruck einer Wirtschaft, die neun Jahre hindurch ununterbrochen von einer Krise in die andere geworfen wurde [1]).

Das Jahr 1919 brachte Absperrung vom unbesetzten Deutschland, Ausverkauf nach Lothringen und Kohlennot; 1920 die Frankeneinführung bei Gruben und Schwerindustrie, was 1921 und 1922 zur Absatzkrise dieser beiden Wirtschaftszweige führte. 1923 brachte mit dem Ruhrkampf den erneuten Abschluß vom Reiche und damit den Franken als gesetzliche Währung, die Eroberung der Saar für den französischen Absatz und mit einem hunderttägigen Grubenstreik erneute Kohlenknappheit. Das Jahr 1924 wurde eingeleitet durch Kreditschwierigkeiten, verursacht durch die Frankenumstellung und verschärft durch eine plötzliche Besserung des Frankenkurses, woran sich in späteren Monaten die Behinderung des deutschen Imports durch die Zwangsbeschränkungen anschloß. Immerhin ist der Absatz der saarländischen Produktion in diesem Jahre zufriedenstellend gewesen, da der deutsche Markt damals zum ersten Male seit Kriegsende wieder völlig offenstand und überdies die Geldentwertung exportfördernd wirkte. 1925 begann der Zollabschluß vom Reiche, das erst allmählich zur Zollstundung überging.

Damit setzte das wirtschaftspolitische Ringen zwischen Deutschland und Frankreich um das Saargebiet ein, bei dem Frankreich aus der Haltung des Angreifenden immer mehr in die des Verteidigers gedrängt wurde. Frankreich glaubte zuerst das Saarbecken wirtschaftlich assimilieren und überdies das Reich zwingen zu können, den Überschuß der lothringisch-französischen Eisenproduktion aufzunehmen. Die nicht in Kraft getretenen Vereinbarungen des Sommers 1925, Luxemburg-Abkommen und Saarzollabkommen, sahen ein jährliches Ausfuhrkontingent für die Eisenindustrie des französischen Zollgebiets vor in Höhe von 1750000 Tonnen. Darüber hinaus sollte die Saarindustrie für die ihr zugestandene zollfreie Einfuhr die französische und luxemburgische Industrie mit 50% des fortfallenden Zollbetrages entschädigen. Dieses Abkommen scheiterte am Widerstande der deutschen Industrie. Denn den Einfuhrkonzessionen für die französische Schwerindustrie standen keine entsprechenden für die deutsche Weiterverarbeitung gegenüber. Im Frühjahr 1926 verstand sich Frankreich bereits in einem kleineren Abkommen zum

---

1) „La métallurgie sarroise marchait de crise en crise depuis l'armistice." (Herly, Métallurgie sarroise, S. 83.)

Grundsatz der Gleichwertigkeit der Zugeständnisse. Im Saarzwischenabkommen vom 6. August 1926 willigte es weiterhin in die Ostorientierung der saarländischen Glas- und Keram-Industrie, und zwei Monate später wurde der Eisenpakt unterzeichnet. Im Abkommen vom 6. November, das diesen in Kraft setzte, wurde die gesamte Saareisenindustrie einschließlich der Weiterverarbeitung wirtschaftlich an Deutschland und seine Verbände abgetreten und wurden der deutschen Maschineneinfuhr in das Saargebiet Wege geöffnet. Man hatte damit in Frankreich die Hoffnung aufgegeben, mittels des Saargebiets Zollvergünstigungen für die eigene Industrie, besonders für Lothringen erreichen zu können. Ebenso war der Glaube an die wirtschaftliche Assimilation der Saarwirtschaft begraben. Das einzige Überbleibsel dieses wirtschaftspolitischen Luftschlosses ist der Wunsch, den saarländischen Absatzmarkt solange als möglich zu behalten. Das ist das Interesse vor allem der elsaß-lothringischen Wirtschaft, die alle anderen Märkte im deutschen Reichsgebiet und in Luxemburg durch die Abtrennung verloren hat. Hinter dieser steht die im Kriege entstandene Maschinen- und Kleineisenindustrie Innerfrankreichs. Das trat im Herbst 1926 deutlich hervor in den heftigsten Protesten der Handelskammern Metz, Mülhausen, Nancy und Lyon gegen die Möglichkeit einer beschleunigten Gesamtlösung der Saarfrage, die man damals in Deutschland erhoffte. Als besonders wichtige Warengruppen wurden in diesem Zusammenhang genannt: Lebensmittel, Webwaren aller Art, Lederwaren, Schuhe, Automobile, Damenkonfektion und Grubenholz [1].

b) Die Wirkung der Franken-Deflation auf die Saarwirtschaft.

Diese Abkommen stellen den Aktivposten in der wirtschaftlichen Bilanz des Saargebiets für 1926 dar. Doch steht dem ein ebenso großer Passivposten gegenüber, wiederum die Währungsentwicklung. Der Frankenkurs, der im Januar 1926 26,49 für den Dollar betragen hatte, erreichte am 20. Juli seinen höchsten Stand mit 49,22, um dann wieder auf 25,33 im Dezember zu fallen. Es liegt auf der Hand, daß diese schnelle Entwicklung von Inflation und Deflation für die Wirtschaft große Erschütterungen mit sich bringen mußte. Die besonderen Inflationswirkungen sind in den vorhergehenden Kapiteln schon beschrieben. Beachtet werden muß dabei, daß die Lockerungen der starren saarländischen Währungsgesetzgebung alle erst auf dem Höhepunkt der Inflation oder bereits in der Deflationsepoche erfolgten. So war vielfach Gebrauch von Warenkrediten oder von Termingeschäften gemacht worden, was bei der plötzlich einsetzenden Deflation dann zu erheblichen Verlusten führte und sogar einigen großen Firmen der weiterverarbeitenden Eisenindustrie die Selbständigkeit kostete. Weiterhin rächte es sich, daß die Saarindustrie sich in der Zeit

[1] Vgl. Journée Industrielle vom 21. Oktober 1926.

der Inflation nicht dazu hatte entschließen können — trotz aus ihrem eigenen Kreise gegebener Anregung —, zur Zahlung wertbeständiger Löhne überzugehen. Nicht nur wäre das als erhöhter Zwang zur wertbeständigen Rechnung empfunden worden, auch die Schwierigkeiten des Lohnabbaues, den die Deflation mit sich brachte, wären vermindert worden. Es besteht kein Zweifel, daß die Schwierigkeiten der Deflation im Saargebiet viel größer waren als in Frankreich. Die durch die Kursbesserung bewirkte Überteuerung war im Saargebiet viel stärker, da dort, wie die vergleichenden Kurven der Lebenshaltungskosten beweisen, die Kaufkraft des Franken vorher eine viel geringere war. Weiter fiel erschwerend die Tatsache ins Gewicht, daß die Saarindustrie, als Folge des Absatzes nach Deutschland, zu wertbeständigen Preisen verkaufte. So ließ jede Kursbesserung das Mißverhältnis zwischen den steigenden Gestehungskosten und dem gleichbleibenden Verkaufserlös größer werden. Die Entwertungsperiode des ersten Halbjahres 1926 hatte eine beträchtliche Steigerung der Gestehungskosten in Franken bewirkt. Löhne und Rohstoffe waren um etwa 30% verteuert, Frachten um 60, 80 und sogar 100%. Eine besonders starke Überteuerung machte sich bei den Kohlenpreisen fühlbar. Ende November 1926 waren saarländische Kohlen trotz ihrer geringeren Eigenschaften fast 30% teurer als Ruhrkohle.

Eine unerwartete Erscheinung machte sich im Zusammenhang mit der Deflation im Frühjahr 1927 bemerkbar: eine große Flüssigkeit auf dem französischen Kapitalmarkt für kurzfristige Darlehen, die zeitweise eine Senkung der Zinssätze für kurzfristige Gelder weit unter die für langfristige zur Folge hatte. Zweifellos hat dieses Ereignis der Saarwirtschaft die Überwindung manchen Hindernisses erleichtert. Die dadurch verursachte Kapitaleinwanderung ist auf 20 Milliarden Franken geschätzt worden. Doch birgt gerade diese Erscheinung bedeutende Gefahren in sich. Die Flüssigkeit des kurzfristigen Geldmarktes hat ihre Ursache in dem Auseinanderfallen von juristischer und tatsächlicher Stabilisierung in Frankreich. Das Ausbleiben der de jure-Stabilisierung hat zahlreiches ausländisches Kapital zur Haussespekulation in Frankreich herangezogen. Dazu kommt aus dem Auslande zurückgewandertes französisches Kapital und nicht angelegt gewesene französische Spargelder, die alle noch aus einer etwaigen Aufwärtsbewegung des Franken Nutzen ziehen wollen. Aus diesem Grunde und wegen der allgemeinen Unsicherheit, die mit dem Ausbleiben der de jure-Stabilisierung zusammenhängt, ist die französische Wirtschaft noch nicht dazu übergegangen, das geschwundene Betriebskapital zu ergänzen. Wenn dieser Augenblick kommt, wird auch auf dem französischen Geldmarkte die Kapitalknappheit eintreten, die wir als Begleiterscheinung der Stabilisierung kennen.

Da in der Saarwirtschaft, der so lange eine ausreichende juristische Sicherheit für die Kreditgewährung gefehlt hatte, ohnehin verhältnismäßig viel kurzfristiger Kredit angelegt ist, so kann dieser Augenblick der Ausgangspunkt neuer Gefahren sein, wenn nicht rechtzeitig für Umwandlung der kurzfristigen Kredite Sorge getragen wird. Neben diesem nicht unbedenklichen Einströmen französischen Kapitals ist als Folge der Revalorisierung auf der anderen Seite ein weiteres Anwachsen der Rechnung in Festwährung zu bemerken, das besonders aus der Zunahme des Ankaufs von Markwechseln bei der Reichsbankstelle in Saarbrücken hervorgeht.

c) Der Einfluß der Wirtschaftsabkommen auf die Handelsbeziehungen des Saargebiets.

Trotz dieser Schwierigkeiten, die sich der Ausnutzung der durch die Wirtschaftsabkommen gebotenen Möglichkeiten entgegenstellten, ist doch deren Wirkung auf die saarländische Ausfuhr in das Reichszollgebiet deutlich festzustellen. Die folgende der deutschen Amtlichen Handelsstatistik entnommene Tabelle zeigt den monatlichen Ausfuhrdurchschnitt der saarländischen Hauptindustrien für die Jahre 1925/26 und stellt daneben die Monatsausfuhr für Dezember 1926. Es ist zu erkennen, wie stark die Zahlen dieses Monats bereits über den Durchschnitt angewachsen sind.

Warengruppen	In Tonnen		
	Monatsdurchschnitt		Dezember
	1925	1926	1926
Eiserne Röhren, Walzen	2 028	3 727	5 323
Stab- und Formeisen	18 899	20 340	24 638
Blech, Draht	3 632	5 966	10 547
Eisenbahn-Oberbaumaterial	7 018	11 725	20 773
Kessel, Teile und Zubehör von Maschinen	62	56	7
sonstige Eisenwaren	638	1 058	2 533
Keramik	1 909	1 748	1 950
Glas	1 122	1 143	2 257

Diese Entwicklung setzt sich im Jahre 1927 fort. Deutschlands Einfuhr von Halbzeug, Röhren, Walzen, Stab- und Formeisen, Blechen, Draht, Eisenbahn-Oberbaumaterial aus dem Saargebiet betrug:

	Monatsdurchnitt	in 1000 t
1925		34,4
1926	Januar—März	101,0
	April—Juni	127,4
	Juli—September	140,9
	Oktober—Dezember	187,7
1927	Januar—März	197,6
	April—Juni	278,7

Auch die deutsche Einfuhr in das Saargebiet nahm im Jahre 1927 stark zu, wie aus der nachfolgenden Statistik zu ersehen ist, die gleichzeitig einen Überblick über die gesamten Handelsbeziehungen zwischen dem Saargebiet und dem übrigen Deutschland in der Nachkriegszeit gibt, ohne daß allerdings die ständigen starken Verschiebungen in Werten und Mengen der einzelnen Warengruppen aus ihr erkennbar wären.

Jahr	Deutsche Ausfuhr nach dem Saargebiet		Saarl. Einf. i. d. Reich	
	in dz = 100 kg	in 1000 RM.	in dz = 100 kg	in 1000 RM.
1920	10 041 311	—	3 616 322	—
1921	9 858 966	—	8 937 317	—
1922	17 320 150	—	19 386 513	—
1923	3 042 500	—	3 977 479	—
1924	2 048 480	70 035	6 402 561	79 682
1925	9 819 195	70 711	18 117 808	133 954
1926	10 462 940	54 236	18 214 598	138 750
1927 1. Halbjahr	(4 705 186)	(36 116)	(12 138 004)	(109 519)

Da über den Handel zwischen Frankreich und dem Saargebiet eine Statistik nicht geführt wird, ist es schwer, sich ein sicheres Urteil über dessen Gestaltung zu bilden. Doch bietet die Statistik der Güterbewegung auf den Saarbahnen einen gewissen Anhalt. Es ist daraus zu ersehen, daß von 1925 auf 1926 sich die Einfuhr Frankreichs lediglich um 5% gehoben hat, trotz der damals so günstigen Zoll- und Preisbedingungen. Die Ausfuhr des Saargebiets nach Frankreich hat sich in der Vergleichsperiode überhaupt nicht vermehrt, wenn wir die durch den englischen Kohlenstreik bedingte Mehrausfuhr von Kohlen von der Gesamtsumme abziehen. Für eine Abschätzung der Werte ist eine Handhabe leider nicht gegeben. Für das Jahr 1927 ist anzunehmen, daß die saarländische Ausfuhr nach Frankreich — von Kohle und einigen schwerindustriellen Erzeugnissen, darunter Edelstahl, abgesehen — als Folge der Deflation zu sehr geringem Ausmaß zusammengeschrumpft ist.

d) Die verhängnisvolle Wirkung der französischen Nachkriegspolitik auf die Saarwirtschaft.

Für die Betrachter der saarländischen Wirtschaftsgeschichte der Nachkriegszeit liegt es nahe, die Frage zu stellen, ob diese stürmischen Jahre wenigstens das eine Gute gehabt haben, daß die Saarwirtschaft von all den Schwächen, die ihr, gleich der Wirtschaft aller anderen europäischen Länder, als Kriegsfolge anhingen, nunmehr befreit ist; ob sie jetzt gekräftigt und gesundet in den Wirtschaftskampf einer Epoche eintreten kann, von der wir hoffen, daß sie weniger stürmisch sein wird, als es die Nachkriegsperiode gewesen ist. Diese Frage muß verneinend beantwortet werden. Die Saarwirtschaft arbeitet im Jahre 1927 wohl zum ersten Male

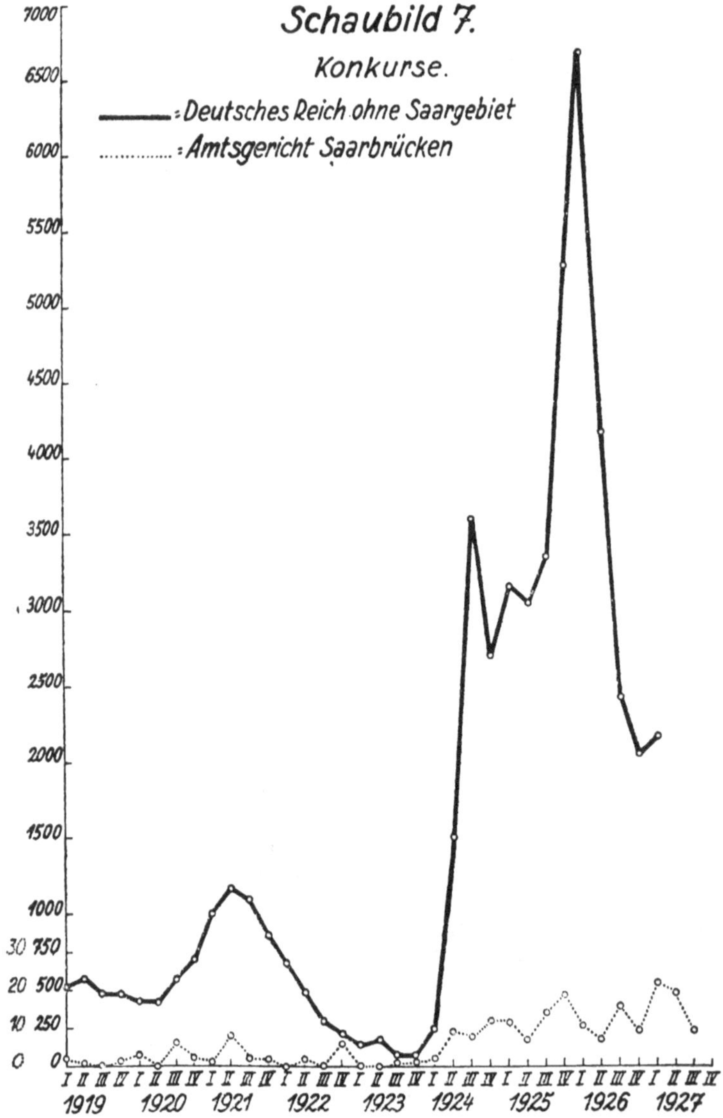

unter normalen ökonomischen Bedingungen. Die Einführung des Franken hatte nicht die Wirkung, die inflationistisch aufgeblähte Wirtschaft zu reinigen, so wie es die Folge der Goldmark in Deutschland gewesen ist. Im Reiche sind seit der Stabilisierung zwei schwere

Krisen hereingebrochen: Die „Stabilisierungskrise“ beseitigte den papierenen Überschuß der Inflationszeit, die „Schrumpfungskrise“ führte das deutsche Wirtschaftsleben auf den durch den Verlust des Krieges und die Industrieentwicklung in den außereuropäischen Ländern geforderten Stand unterhalb dem von 1913 zurück. Von beiden Krisen ist das Saargebiet bisher dank der Frankeninflation weitgehend verschont geblieben. Das ist aus einem Vergleich der Konkursstatistiken deutlich zu erkennen, wenn auch beachtet werden muß, daß in der des Saarbrücker Amtsgerichts das statistisch

Schaubild 8.

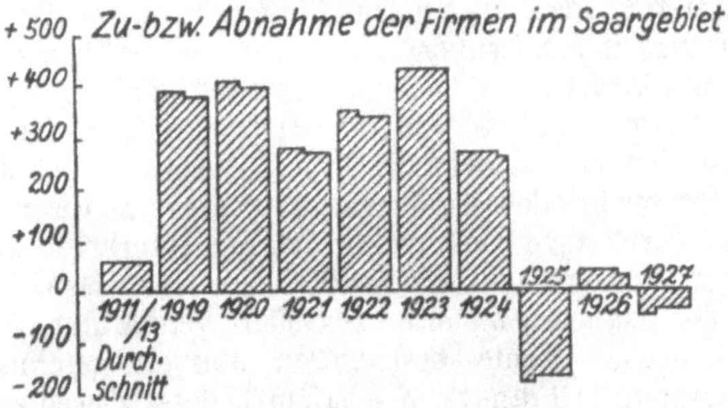

erforderliche „Gesetz der großen Zahl“ nicht zur Geltung gekommen ist [1]). Doch sind die Ursachen der Krisen im Reich auch im Saargebiet vorhanden, wie aus der übermäßigen Gründertätigkeit der Jahre 1919—1924 ohne weiteres hervorgeht [2]). Der Franken hat dem Saargebiet einen Dienst von sehr zweifelhaftem Wert erwiesen, indem er notwendige Entwicklungen hintangehalten und gebremst hat, ohne doch deren Notwendigkeit selbst zu beheben. Das Saargebiet findet heute im Reiche eine Wirtschaft vor, die sich ohne oder doch mit nur schlechter Berücksichtigung der Saarindustrie mühsam in der enger gewordenen Welt eingerichtet hat und der sich anzugleichen der Saarwirtschaft weitere Opfer kosten wird.

Die Schwerindustrie an der Saar ist technisch sowohl wie dem Standort nach den lothringischen Hütten unterlegen. Die Rationalisierung der Betriebe kann erst jetzt, nach Rückkehr verhältnismäßig normaler Wirtschaftsbedingungen, in Angriff genommen werden. Während die Stahlerzeugung Lothringens bereits 1925 zum ersten Male die Menge von 1913 überschritt, befindet sich die des Saargebiets noch beträchtlich unterhalb dieser Grenze. Allerdings zeigen die Zahlen der ersten Monate von 1927 eine so be-

---

[1]) Vgl. Schaubild 7.

[2]) Vgl. Schaubild 8. Diese Statistik vermittelt wohl nur einen bedingt richtigen Eindruck, da auch Firmen noch eingetragen sein mögen, die seit Jahren kein Geschäft mehr getätigt haben.

trächtliche Steigerung, daß die Erreichung der Vorkriegserzeugung nur noch eine Frage der Zeit zu sein scheint. Auffallenderweise ist dagegen im Widerspruch zur Nachkriegsentwicklung in allen anderen Ländern die Roheisenerzeugung der Saarindustrie bereits 1924 über die von 1913 angewachsen. Die saarländische Eisenindustrie ist bestrebt, um den Standortvorteil Lothringens auszugleichen, zur Erzeugung feinerer Produkte überzugehen.

e) Die Krisis des Saarbergbaus als Folge der französischen Wirtschaftspolitik.

Weitaus die größten Schwierigkeiten bestehen bei der Wiederkehr normaler Wirtschaftsbedingungen für den Hauptgewerbezweig des Saargebiets, die Kohlengruben. Die Saargruben sind an Frankreich abgetreten worden, als Entschädigung für die im Kriegsgebiet zerstörten französischen Gruben. Diese sind aber seit langem wieder hergestellt und fördern weit mehr als vor dem Kriege. Ebenso ist die Kohlenförderung Lothringens fast um das Dreifache vermehrt [1]).

Die ursprüngliche Absicht der französischen Wirtschaftspolitiker bei der Pariser Friedenskonferenz ist gewesen, die Eisenindustrie Lothringens, deren enge Verbindung mit der Ruhrkohle durch die Annexion zerrissen war, auf die Saarkohle zu verweisen. Die Einverleibung der Saargruben sollte die Gefahr verstärkter Abhängigkeit von deutscher Kohle beschwören und ein geschlosseneres Wirtschaftssystem in Frankreich schaffen. Dieses Ziel, die Zurückdrängung der Ruhrkohle vom französischen Markte, ist nicht gelungen. Der Kohlenbezug Frankreichs betrug in 1000 t [2]):

	1926	1925	1913
aus England	4 071	10 849	13 330
Deutschland	13 566	10 158	6 229
Belgien	3 819	3 300	4 966
Holland	1 325	1 056	495
Produktion von Frankreich und Saargebiet	60 347	54 752	44 871
Französischer Export	6 368	5 958	3 790
„ Verbrauch	77 454	74 562	66 135

Auch wenn man von den außergewöhnlichen Zuständen des Jahres 1926 als Folge des englischen Kohlenstreiks absieht, zeigt sich deutlich, daß die Abhängigkeit Frankreichs von der deutschen Kohle gewaltig gewachsen ist.

Der Bezug an Ruhrkohle und Koks durch die lothringische

[1]) Das französische Staatsgebiet förderte 1913 40 051 000 t Steinkohle, 1925 47 047 000 t und 1926 52 480 000 t.

[2]) Statistik des Verbandes französischer Reeder. Abgedruckt im Hamburger Fremdenblatt vom 29. Oktober 1927 (Nr. 299 a Seite 8). Die Zahlen der deutschen Außenhandelsstatistik ergeben ein völlig anderes Bild, da in ihnen die Kohlenlieferungen auf Reparationskonto nicht enthalten sind.

Industrie betrug im Jahre 1913 3 619 000 t [1]. Die Importziffer für Deutschland im Jahre 1925 zeigt sich um mehr als diesen Betrag gegen 1913 vermehrt. Das beweist nicht nur, daß irgendeine Ersetzung der Ruhrkohle in Lothringen nicht stattgefunden hat, sondern auch, daß die Abhängigkeit von der deutschen Kohle darüber hinaus sich noch weiter vermehrt hat. Überdies dürfte der größte Teil der für Holland ausgewiesenen Mengen aus durchgeführter Ruhrkohle bestehen.

Der Absatzmarkt der Saargruben lag vor dem Kriege in Süddeutschland. Die Französische Grubenverwaltung hat diesen Markt absichtlich vernachlässigt und die Kohlenausfuhr nach Westen gerichtet. Die Veränderungen im Absatz ergeben sich aus folgenden Zahlen. Es erhielten von der Gesamtproduktion des Saargebiets:

	1913	1920	1921	1922	1923	1925
Saargebiet	38,7%	35,7%	37,0%	35,6%	36,1%	36%
Deutschland	33,0%	0,9%	3,3%	11,6%	4,3%	8%
Elsaß-Lothringen	11,1%	7,1%	9,2%	7,9%	11,1%	42%
Frankreich von 1914	7,7%	52,0%	33,2%	30,5%	34,1%	
Schweiz	6,3%	2,9%	3,1%	3,2%	4,4%	4%
Italien	1,7%	—	0,6%	2,7%	3,5%	5%
Belgien und Luxemburg	1,3%	1,2%	1,4%	3,4%	4,1%	3%
Österreich und Ungarn	0,2%	—	3,4%	4,9%	2,4%	1%
verschiedene Länder	—	0,2%	8,8%	0,2%	—	—

Der Rückgang des Saarkohlenabsatzes in Süddeutschland verteilt sich im einzelnen auf die verschiedenen Gebiete wie folgt [2]: Von der 1913 bezogenen Menge erhielten im Jahre 1925/26 (Oktober—September) [3]:

Baden einschl. Mannheim und Ludwigshafen	21,4%
Württemberg und Hohenzollern	22,09%
Bayern rechts des Rheins	20,03%
„ links „ „	45,76%
Süddeutschland insgesamt	29,55%

Die französische Grubenverwaltung hat den deutschen Markt absichtlich unbeachtet gelassen und ihn nur dann beliefert, wenn anderwärts Absatzschwierigkeiten auftraten, wie während der Krise 1921/22. Das erhellt deutlich auch aus der Tatsache, daß von dem für die Belieferung der bayerischen Pfalz zugestandenen monatlichen Kohlenkontingent von 100 000 t in obigem Zeitraum 1925/26

[1] Nach Guy Greer, The Ruhr-Lorraine Industrial Problem S. 69.
[2] Aus Cartellieri, Die Saarkohle in Süddeutschland. Saarwirtschaftszeitung vom 2. April 1927.
[3] Vor Beginn des englischen Kohlenstreiks.

nur 37 302 t ausgenutzt wurden. Als infolge des englischen Bergarbeiterstreiks Kohlenknappheit eintrat, verkürzte die Grubenverwaltung die den deutschen Abnehmern zugesicherten Mengen kurzerhand um $^2/_3$ zugunsten der Versorgung Innerfrankreichs. Daß diese ständige Mißachtung des natürlichen Absatzgebietes bisher ungestraft erfolgen konnte, hatte seine Ursache in einer Kette günstiger Umstände. Nach Friedensschluß bestand großer Kohlenmangel in der ganzen Welt. Als dieser gestillt war und Überproduktion eintrat, folgte bald die Ruhraktion und damit erneut günstige Absatzmöglichkeit. In den folgenden Jahren hat die französische Inflation die Unterbringung der Förderung ermöglicht, und während der Deflationsperiode des Jahres 1926 schuf der englische Bergarbeiterstreik große Konjunktur.

Erst das Jahr 1927 brachte zum ersten Male normale Verhältnisse und damit Überproduktion. Die Haldenbestände zeigen seit Januar 1927 ein rapides Anwachsen [1]).

Dezember 1926		68 078
Januar 1927		74 227
Februar	,,	133 105
März	,,	333 383
April	,,	411 201
Mai	,,	448 573
Juni	,,	507 523
Juli	,,	538 346
August	,,	550 675
Septemb.	,,	567 214.

Seit März sind außer der Entlassung von 2000 Arbeitern ständig Feierschichten eingelegt worden, wodurch sich das Einkommen der Bergleute um über 25% verminderte. Das Problem der Saargruben ist das gleiche wie das der englischen Kohlenindustrie. Die technischen Veränderungen haben den Kohlenbedarf der Welt verringert. Erschwerend kommt für die Saargruben hinzu ihre ungünstige Marktlage, die geringe Qualität der Kohle und die freiwillige Aufgabe des natürlichen Marktes, der heute von der Ruhrkohle beherrscht wird.

f) Die Notwendigkeit der Vorbereitung einer Lösung der Saarkohlenkrise durch die deutsche Wirtschaftspolitik.

An der Rückkehr des Saargebiets zum Reiche besteht kein Zweifel. Deshalb sollte man dort dem Problem der Saargruben die größte Aufmerksamkeit schenken. Die Erhaltung dieses weitaus bedeutendsten saarländischen Wirtschaftszweiges ist für die Bevölkerung des Saarlandes eine Lebensfrage. Es ist das um so mehr der Fall, als der saarländische Grubenarbeiter seßhaft ist und nicht entfernt so proletarisiert wie die Bevölkerung anderer Industrie-

---

[1]) Vgl. die Zahlen im Anhang.

bezirke. Das ist ein Zustand, dessen Erhaltung unbedingt erwünscht ist und der Opfer wert ist, die vom rein ökonomischen Gesichtspunkte aus nicht gerechtfertigt erscheinen. Mit Recht weist in diesem Zusammenhang der Syndikus der Saarbrücker Handelskammer Dr. Lütke darauf hin, daß, ebenso wie der rein ökonomische Gesichtspunkt beim Aufbau unserer Großstädte zu unbefriedigenden Zuständen geführt hat, er auch für den Aufbau unserer Industriebezirke keine uneingeschränkte Gültigkeit besitzt.

Denn es scheint nicht der Fall zu sein, daß mit rein wirtschaftlichen Maßnahmen die Erhaltung des Saarbergbaus gelingen kann. Die derzeitigen Frachtsätze der Deutschen Reichsbahn zeigen bei Benutzung der Rheinwasserstraße für alle Plätze des alten süddeutschen Marktes mit Ausnahme der Pfalz wesentlich niedrigere Zahlen für die Ruhrkohle als für die der Saar. Dabei muß beachtet werden, daß selbst frachtliche Gleichstellung angesichts der höheren Qualität der Ruhrkohle noch nicht ausreicht. Diese Erwägungen veranlassen saarländische Wirtschaftskreise, die Forderung nach Bau eines Kohlenkanals durch die Pfalz zu erheben. Doch würde jede andere Lösung, die die Sicherheit bietet, daß die günstigen Transportbedingungen nicht plötzlich umgestoßen werden können, bereitwillig angenommen werden.

Neben dem Problem der Verkehrsverbesserung steht das der Rationalisierung des Grubenbetriebes selbst. Die durchschnittliche Schichtförderung pro Mann beträgt an der Saar rund 700 kg, an der Ruhr dagegen 1050 kg. Ein Teil dieser Minderleistung ist sicherlich psychologisch begründet in der Herrschaft landfremder Machthaber. Eine Förderungszahl von 900 kg wird zur Erhaltung der Rentabilität als notwendig angesehen. Neben der bisherigen noch diese Mehrförderung unterzubringen ist die Lebensfrage des Saarbergbaus und damit auch des Saargebiets, da eine Arbeiterverpflanzung dort fast unmöglich ist.

Es ist unsicher, wie die nächste Zukunft des Saarbeckens sich gestalten wird. Wenn auch die Hoffnungen auf vorzeitige Rückkehr zum Reiche sich im Jahre 1926 nicht verwirklicht haben, so besteht doch die Möglichkeit, daß die wirtschaftlichen Schwierigkeiten die französische Regierung veranlassen werden, die Saargruben vor dem Jahre 1935 abzustoßen, vielleicht im Zusammenhang mit der endgültigen Regelung der Reparationsfrage. Es ist von Wichtigkeit, daß man dann im Reiche weiß, wie man die wirtschaftlichen Schwierigkeiten des Saargebiets beseitigen will. Man wird sich dabei darüber klar sein müssen, daß das ohne außerordentliche Maßnahmen und ohne Opfer nicht möglich sein wird.

g) Die Unmöglichkeit der wirtschaftlichen Umstellung eines Industriegebiets nach politischen Gesichtspunkten.

Das Saargebiet ist fast ein Jahrzehnt lang durch politische Einflüsse unter unnatürlichen wirtschaftlichen Bedingungen gehalten worden. Die wirtschaftlichen Voraussetzungen der Produktion wurden überdies ständig durch Regierungsmaßnahmen verändert, von denen der kleinste Teil nur wirtschaftlich berechtigt oder aus einer wirtschaftlichen Zwangslage heraus geboren war.

Die wirtschaftliche Geschichte des Saarbeckens in der Nachkriegszeit ist die Geschichte einer fehlgeschlagenen wirtschaftlichen Annexion. Es zeigt sich, daß es nicht möglich ist, ein Industriegebiet aus seinem natürlichen Zusammenhang herauszureißen und in einen neuen gewaltsam einzufügen. Die lothringische Industrie kehrte zur Ruhrkohle zurück, ebenso wie Nordfrankreich zur englischen. Die Saareisenindustrie fand keinen anderen als den deutschen Markt, und die Saarkohlengruben erleben das Gleiche. Die Verflechtungen einer modernen Industriewirtschaft haben sich als stärker erwiesen als der Wirtschaftsimperialismus des Versailler Vertrages.

Doch zeigen diese politisch erzeugten Gleichgewichtsstörungen innerhalb eines vorher wohl ausgeglichenen Wirtschaftskörpers, daß die wirtschaftliche Logik allein nicht stark genug war, das Saargebiet vor dem zerstörenden Zugriff zu schützen. Nichts wäre verkehrter, als wollte man aus diesen wirren und schmerzvollen zehn Jahren Saarwirtschaftsgeschichte den Schluß ableiten, die Wirtschaft könne sich Selbstzweck sein. Das Beispiel beweist deutlich, wie wenig die wehrlose Wirtschaft des Schutzes durch eine wohlverstandene Politik entraten kann. *Nicht die Wirtschaft, die Politik ist das Schicksal.*

Anhang.

1. Erster Entwurf der Währungsverordnung nach der Veröffentlichung der Lothringer Volkszeitung.

1. Allgemeine Vorschriften.

§ 1.

Als allein gesetzliches Zahlungsmittel gilt vom .... an im Saargebiet die französische Währung, die bereits im § 32 Abs. 2 des Kapitels II der Anlage zum Abschnitt IV des Friedensvertrages für den französischen Staat als rechtsgültiges Zahlungsmittel bei allen Käufen und Zahlungen und bei allen Verträgen über die Ausbeutung der Gruben oder ihrer Nebenanlagen gewährleistet ist.

§ 2.

Ist eine in einer im Saargebiet nach § 1 nicht gesetzlichen Währung ausgedrückte Geldschuld im Saargebiet zu zahlen oder lautet ein Wechsel auf eine im Saargebiet nicht gesetzliche Währung oder auf eine Rechnungswährung, so muß die Zahlung in dem nach § 1 gesetzlichen Gelde erfolgen.

Die Umrechnung erfolgt nach dem Kurswerte, der zur Zeit der Zahlung für den Zahlungsort maßgebend ist.

§ 3.

Alle Zahlungs- und Schuldverpflichtungen bleiben bestehen, soweit eine neue Vereinbarung zwischen den Beteiligten nicht stattfindet oder soweit nicht durch die §§ 5 und 6 dieser Verordnung anderweitige Regelung erfolgt [1]).

Die Erfüllung in Geld erfolgt gemäß § 2.

§ 4.

An Stelle der in den in dem Saargebiet geltenden Gesetzen und Verordnungen in Markwährung ausgedrückten Beträge treten Frankenbeträge von ziffernmäßig gleicher Höhe, soweit nicht eine andere Umrechnungsart durch besondere Verordnung geregelt wird oder ist.

2. Besondere Vorschriften.

(§§ 5—13.)

---

[1]) Die Paragraphen enthalten Sonderbestimmungen für Pacht, Miete und Kapitalumstellung.

2. Verordnung betr. die gesetzliche Währung im Saargebiet.

(Amtsblatt 13, vom 22. Mai 1923, Seite 114.)

Auf Grund der §§ 19 und 20 der Anlage zu Abschnitt IV (Teil 3) des Friedensvertrages von Versailles, unter Bezugnahme auf § 32 Abs. 2 derselben Anlage, nach Anhörung der gewählten Vertreter der Bevölkerung, verordnet die Regierungskommission gemäß ihrem Beschluß vom 18. Mai 1923 was folgt:

§ 1.

Als alleiniges gesetzliches Zahlungsmittel im Saargebiet gilt die französische Währung.

§ 2.

Verträge und Geschäfte aller Art müssen in der gesetzlichen Währung getätigt werden.

Geschäfte der Banken und des Außenhandels können in einer anderen als der gesetzlichen Währung getätigt werden. Welche Geschäfte unter diese Ausnahmen fallen, bleibt der jeweiligen Regelung durch die Regierungskommission vorbehalten.

§ 3.

Ist eine gemäß § 2 Abs. 2 in einer anderen als der gesetzlichen Währung ausgedrückte Geldschuld im Saargebiet zu zahlen, so kann die Zahlung in der gesetzlichen Währung erfolgen, es sei denn, daß Zahlung in der vereinbarten Währung ausdrücklich bedungen ist.

Die Umrechnung erfolgt nach dem Kurswerte, der zur Zeit der Zahlung für den Zahlungsort maßgebend ist.

§ 4.

Alle bestehenden Zahlungs- und Schuldverpflichtungen bleiben unberührt, soweit nicht eine neue Vereinbarung zwischen den Beteiligten stattfindet oder soweit nicht nachstehend anderweitige Regelung erfolgt.

Vom 1. Januar 1924 ab hat jedoch die Zahlung gemäß § 1 oder im Falle des § 2 Abs. 2, gemäß § 3 zu erfolgen.

§ 5.

An Stelle der in Markwährung ausgedrückten Beträge in den geltenden Gesetzen und Verordnungen treten Frankenbeträge von ziffermäßig gleicher Höhe, soweit nicht durch besondere Verordnung eine andere Umrechnungsart vorgeschrieben ist oder wird. Hierbei bleiben bei allen vor dem 11. November 1918 in Geltung befindlichen Gesetzen und Verordnungen die nach diesem Termine erfolgten Erhöhungen der Markbeträge unberücksichtigt.

§ 6.

Soweit bei Miet- oder Pachtverträgen zwischen den Parteien eine Vereinbarung über die Zahlung der Miete oder der Pacht in Frankenwährung nicht besteht oder nicht zustandekommt, gelten vorstehende Bestimmungen mit folgender Maßgabe:

1. Für Wohnräume ist die Frankenmiete gemäß §§ 26 ff. der Verordnung vom 28. Dezember 1922 betreffend Neuregelung der Bestimmungen über das Wohnungswesen zu errechnen.

2. Für geschäftliche und gewerbliche Räume gilt gemäß § 23 derselben Verordnung ein Zuschlag auf die für die Wohnräume errechneten Sätze.

3. Für landwirtschaftliche Grundstücke hat es sein Bewenden bei der Umrechnung der seitherigen vereinbarten oder durch die Pachteinigungsämter festgesetzten Markbeträge nach dem Kurse, der zur Zeit der Zahlung für den Zahlungsort maßgebend ist. Den Parteien steht jedoch das Recht zu, die Neufestsetzung eines angemessenen Pachtzinses in Frankenwährung bei dem Pachteinigungsamt zu beantragen.

§ 7.

Alle in die hierzu bestimmten gerichtlichen Register eingetragenen Vereine sowie Gesellschaften und Genossenschaften haben vor dem 31. Dezember 1923 in ihren Gesellschaftsverträgen bzw. Satzungen die Änderungen vorzunehmen, die sich aus der Änderung der gesetzlichen Währung gemäß den Bestimmungen der Anlage ergeben.

§ 8.

Dem § 1807 des BGB. in der Fassung der Verordnung vom 2. August 1921 (Reg.-Amtsbl. Nr. 11, Nr. 626) ist als Absatz 2 der folgende Zusatz beizufügen:

Die Anlegung von Mündelgeld darf nur in denjenigen zugelassenen Forderungen, Grundschulden, Rentenschulden, Wertpapieren und Sparkassenguthaben erfolgen, die auf die gesetzliche Währung des Saargebiets lauten.

§ 9.

Der in den §§ 246 und 288 des BGB. sowie in § 352 des HGB. festgesetzte Zinsfuß der gesetzlichen Zinsen wird von 4 auf 5 bzw. 5 auf 6 vom Hundert auf das Jahr erhöht.

Der in § 247 BGB. bestimmte Zinsfuß, dessen Überschreitung dem Schuldner das Recht gibt, nach Abauf von 6 Monaten zu kündigen, wird von 6 auf 8 vom Hundert erhöht.

§ 10.

Die Absätze 1, 2 und 3 in § 180 des HGB. erhalten folgende Fassung:

Die Aktien müssen auf einen Betrag von mindestens 500 Franken gestellt werden.

Für ein gemeinnütziges Unternehmen kann im Falle eines besonderen örtlichen Bedürfnisses das Mitglied der Regierungskommission für Handel und Gewerbe die Ausgabe von Aktien, die auf Namen lauten, zu einem geringeren, jedoch mindestens 100 Franken erreichenden Betrage zulassen. Die gleiche Genehmigung kann erteilt werden, wenn für ein Unternehmen die Regierungskommission, ein Kommunalverband oder eine sonstige öffentliche Körperschaft auf die Aktien einen bestimmten Betrag bedingungslos und ohne Zeitbeschränkung gewährleistet hat.

Auf Namen lautende Aktien, deren Übertragung an die Zustimmung der Gesellschaft gebunden ist, dürfen auf einen Betrag von weniger als 500, jedoch nicht weniger als 100 Franken lauten.

§ 11.

Bei öffentlichen Sparkassen können Einlagen nur in der gesetzlichen Währung geleistet werden.

Vorbehaltlich dieser Bestimmung können die Sparkassen bis zum 31. Dezember 1923 Geschäfte in Reichsmark tätigen. Das Mitglied der Regierungskommission für die Angelegenheiten des Inneren ist ermächtigt, im Bedarfsfalle diese Frist zu verlängern.

§ 12.

Die Verordnung der Regierungskommission vom 4. Juni 1921 betr. Abänderung des § 75 der Rheinischen Landgemeindeordnung vom 23. Juli 1845 (RegAmtsbl. 699) tritt außer Kraft.

§ 13.

Alle dieser Verordnung entgegenstehenden gesetzlichen Vorschriften, insbesondere § 244 BGB. und das Bankgesetz vom 14. März 1875, werden hiermit aufgehoben.

§ 14.

Abweichend von den Bestimmungen dieser Verordnung wird das derzeitige Verfahren bei Geldsendungen durch die Post im inneren saarländischen Verkehr und im Verkehr mit Deutschland noch bis zum 31. Dezember 1923 beibehalten.

Nach Ablauf dieser Frist können Markkonten beim Postscheckamt Saarbrücken noch beibehalten werden bis zu einem von der Regierungskommission festzusetzenden Zeitpunkte; jedoch können diese Markkonten nur benutzt werden zu Überweisungen von Beträgen auf Konten bei reichsdeutschen Postscheckämtern oder umgekehrt.

Auszahlungen für Rechnung der deutschen Regierung und

der deutschen Versicherungsträger können bis auf weiteres durch die saarländischen Postanstalten in Mark bewirkt werden.

§ 15.

Soweit die Bestimmungen dieser Verordnung eine Abänderung bestehender Vorschriften erfordern, ist die Regierungskommission ermächtigt, den Zeitpunkt des Inkrafttretens der Verordnung abweichend von § 19 festzusetzen und eine vorläufige Regelung zu treffen.

Strafbestimmungen.

§ 16.

Wer unbefugt Banknoten oder sonstige auf den Inhaber lautende unverzinsliche Schuldverschreibungen ausgibt, wird mit einer Geldstrafe bestraft, welche dem Zehnfachen des Betrages der von ihm ausgegebenen Wertzeichen gleichkommt, mindestens aber 5000 Franken beträgt.

§ 17.

Zuwiderhandlungen gegen die Vorschriften der §§ 1, 2 Abs. 1 und 4, Abs. 2 dieser Verordnung werden mit Geldstrafe bis zu 3500 Franken und mit Gefängnisstrafe bis zu einem Jahr oder mit einer dieser Strafen bestraft.

Schlußbestimmungen.

§ 18.

Die Ausführungsbestimmungen zu dieser Verordnung werden durch den Präsidenten der Regierungskommission erlassen.

§ 19.

Diese Verordnung tritt mit dem 1. Juni 1923 in Kraft.

Saarbrücken, den 18. Mai 1923.

Im Namen der Regierungskommission
Der Präsident.
gez. V. Rault, Staatsrat.

3. Ausführungs-Verordnung zur Verordnung betr. die gesetzliche Währung im Saargebiet.

(Amtsblatt 13, vom 22. Mai 1923, S. 116.)

Im Sinne des § 2, Abs. 2 der Währungsverordnung sind bis auf weiteres anzusehen als Geschäfte:

1. der Banken: die bankmäßigen Geschäfte der dafür bestimmten Institute;
2. des Außenhandels:

a) Lieferungsgeschäfte über die Ausfuhr von Waren aus dem Saargebiet,

b) Lieferungsgeschäfte über die Einfuhr von Waren in das Saargebiet sowie Verträge und Geschäfte über Vermögensgegenstände außerhalb des Saargebiets,

c) Transport-, Versicherungs-, Provisions- und ähnliche Vereinbarungen in bezug auf die Geschäfte zu a,

d) Dienst- und Werkverträge, soweit die Leistung der Dienste oder die Herstellung des Werkes außerhalb des Saargebiets zu erfolgen hat.

Saarbrücken, den 18. Mai 1923.

Im Namen der Regierungskommission
Der Präsident.
gez. V. Rault, Staatsrat.

4. Verordnung betreffend Anlegung von Mündelgeld.

(Amtsblatt Nr. 13 vom 22. Mai 1923, S. 117.)

Nach Einsicht des § 1807 des BGB., Absatz 1 Ziffer 4 in der Fassung der Verordnung Nummer 626 vom 2. August 1921 betreffend Abänderung des Justizgesetzes und des § 8 der Verordnung vom 18. Mai 1923 betreffend die gesetzliche Währung im Saargebiet verordnet die Regierungskommission auf Grund der Art. 19 und 23 der Anlage zu Abschnitt IV (Teil 3) des Friedensvertrages von Versailles was folgt:

§ 1. Zur Anlegung von Mündelgeldern werden für geeignet erklärt:

1. die Anleihen der saarländischen Gemeinden und Gemeindeverbände sowie der anderen saarländischen Körperschaften des öffentlichen Rechts;
2. die Wertpapiere des französischen Staates;
3. die Wertpapiere, die der Bürgschaft des französischen Staates unterliegen;
4. die von der Regierungskommission genehmigten Anleihen der Immobilien-Kreditinstitute des Saargebiets.

§ 2. Diese Verordnung tritt am 1. Juni 1923 in Kraft.

Saarbrücken, den 18. Mai 1923.

Im Namen der Regierungskommission
Der Präsident.
gez. V. Rault, Staatsrat.

5. Verordnung über Feingoldhypotheken.

(Amtsblatt Nr. 8 vom 25. Februar 1927, S. 33.)

Auf Grund der §§ 19 und 23 der Anlage zu Abschnitt IV (Teil 3) des Friedensvertrages von Versailles sowie nach Anhörung der gewählten Vertreter der Bevölkerung verordnet die Regierungskommission unter entsprechender Ergänzung ihrer Verordnung vom 18. Mai 1923 betr. die gesetzliche Währung im Saargebiet (Reg. Amtsblatt Nr. 352) und gemäß ihrem Beschlusse vom 20. Januar 1927, was folgt:

Artikel 1.

Eine Hypothek kann außer in der durch den Beschluß des Obersten Gerichtshofes des Saargebiets vom 22. Juni 1926 — abgedruckt in der beifolgenden Anlage — zugelassenen und hiermit bestätigten Bestellungsform auch in der Weise bestellt werden, daß die Höhe der aus dem Grundstücke zu zahlenden Geldsumme durch den amtlich festgestellten oder festgesetzten Preis einer bestimmten Menge von Feingold bestimmt wird.

Die maßgebenden Kurse werden durch die Regierungskommission bekannt gemacht.

Artikel 2.

Bei Eintragung der Feingoldhypothek im Grundbuch ist der Geldbetrag durch die Menge des Feingolds zu bezeichnen.

Artikel 3.

Im Falle der Zwangsversteigerung wird in dem Versteigerungstermin vor der Aufforderung zur Abgabe von Geboten festgestellt und bekannt gemacht, welchen Wert die Feingoldhypothek hätte, wenn sie im Versteigerungstermin zahlbar würde.

Artikel 4—6.

Artikel 8.

Für die Grundschulden und Rentenschulden gelten die Vorschriften der Artikel 1—7 entsprechend.

Artikel 9.

Artikel 10.

Die Regierungskommission wird ermächtigt, die zur Durchführung dieser Verordnung erforderlichen Ausführungsbestimmungen und allgemeinen Verwaltungsvorschriften zu erlassen, insbesondere die für die Umrechnung des Feingoldpreises in die Währungen maßgebenden Anordnungen zu treffen. Die Regierungskommission kann diese Befugnisse auf ihre zuständigen Mitglieder übertragen.

Artikel 11.

Diese Verordnung tritt mit dem Tage der Verkündung in Kraft.

Saarbrücken, den 20. Januar 1927.

Im Namen der Regierungskommission

Der Präsident.

gez. G. W. Stephens.

6. Anlage zu Artikel 1 der Verordnung über Feingoldhypotheken. Beschluß.

In der Grundbuchsache Saarbrücken Blatt 1698 hat der II. Zivilsenat des Obersten Gerichtshofes in Saarlouis auf die weitere Beschwerde des .... gegen den Beschluß des Landgerichts, 7. Zivilkammer in Saarbrücken vom 18. Mai 1926 in der Sitzung vom 22. Juni 1926 beschlossen:

Unter Aufhebung des Beschlusses der 7. Zivilkammer des Landgerichts in Saarbrücken vom 18. 5. 1926 und des Beschlusses des Amtsgerichts Saarbrücken vom 19. 4. 1926 wird das Grundbuchamt angewiesen, dem Antrage des Beschwerdeführers vom 17. 4. 1926 auf Eintragung der bewilligten Dollarhypothek stattzugeben — vorausgesetzt, daß nicht anderweitige Bedenken dieser Eintragung entgegenstehen —, bei dieser Eintragung jedoch zum Ausdrucke zu bringen, daß der eingetragene Dollarbetrag lediglich der Wertmesser für die in der gesetzlichen Währung des Saargebiets bestehende Darlehnsforderung und die zu zahlende Geldsumme ist.

7. Ausführungsbestimmungen zur Verordnung über Feingoldhypotheken.

Auf Grund des Artikels 10 der Verordnung über Feingoldhypotheken vom 20. Januar 1927, Amtsblatt Nr. 8, wird verfügt:

§ 1.

Als amtlich festgestellter Preis für Feingold gilt nur der von der Direktion für wirtschaftliche Angelegenheiten im Regierungsamtsblatt bekanntgegebene Londoner Goldpreis. Die Umrechnung in die gesetzliche Währung erfolgt nach dem Mittelkurs der Pariser Börse auf Grund der letzten amtlichen Notiz vor dem Tage, der für die Berechnung der Kapital-, Tilgungs- und Zinsbeträge sowie der sonstigen Nebenleistungen maßgebend ist. Ist ein Durchschnittspreis maßgebend, so erfolgt die Umrechnung nach dem Durchschnittskurse desselben Zeitraumes.

§ 2.

Saarbrücken, den 17. Februar 1927.

Das Mitglied der Regierungskommission für die wirtschaftlichen Angelegenheiten.

gez. J. Morzie.

Zahlenangaben zu Schaubild 1 Seite 22.

8. Die amtlichen Monatsmittelkurse der Regierungskommission.

(Mittlerer Frankenkurs nach den Notierungen der Berliner und Pariser Börse.)

	1919	1920	1921	1922	1923
Januar	1,3766	5,0726	4,1689	15,5623	1 167,7155
Februar	1,4818	6,9512	4,3784	18,1167	1 692,4450
März	1,7897	5,9779	4,4036	25,5693	1 311,5040
April	2,0750	3,6744	4,5918	26,9366	1 612,9523
Mai	2,2148	3,1849	5,1799	26,4418	2 974,2238
Juni	2,2917	3,0777	5,5787	27,3870	6 712,7556
Juli	2,2168	3,2044	5,9914	40,0350	21 581,1045
August	2,4420	3,4116	6,5223	89,6714	225 279,1629
September	2,9137	3,9144	7,5966	111,1460	5 632 271,60
Oktober	3,1252	4,4475	10,6772	226,8434	1 620 540 418,11
November	4,0283	4,6398	18,8007	479,0243	—
Dezember	4,4929	4,3229	14,9848	539,1680	—

9. Indexziffern der Stadt Saarbrücken

nach den Grundsätzen des statistischen Reichsamtes ohne Bekleidung in Papiermark. Juli 1914 = 100.

	1919	1920	1921	1922	1923
Januar	—	588	1074	2416	169 458
Februar	—	606	1073	2814	383 839
März	—	661	1043	3586	362 900
April	—	714	1123	4286 [1])	416 888
Mai	—	827	987	4508	828 336
Juni	—	851	1029	4814	—
Juli	—	981	1183	6415	—
August	—	1002	1238	10 082	—
September	—	952	1240	16 633	—
Oktober	—	1023	1430	30 502	—
November	—	1090	2104	69 809	—
Dezember	442	1161	2361	99 735	—

10. Indexziffern des Deutschen Reiches

nach den Grundsätzen des Statistischen Reichsamtes ohne Bekleidung in Papiermark. Juli 1924 = 100.

	1919	1920	1921	1922	1923
Januar	—	—	924	1 640	103 400
Februar	—	623	901	1 989	240 800
März	—	741	901	2 302	262 700
April	—	836	894	3 175 [1])	276 400
Mai	—	876	880	3 462	352 100
Juni	—	842	896	3 779	697 900
Juli	—	842	963	4 990	3 330 000
August	—	795	1045	7 029	5 866 000
September	—	777	1062	11 376	13 200 000
Oktober	—	827	1146	19 504	—
November	—	872	1397	40 047	—
Dezember	483	916	1550	61 156	—

[1]) Änderung der Methode.

Zahlenangaben zu Schaubild 2 Seite 29.

(Aus „Lohn und Kaufkraft“, herausgegeben vom Arbeitgeberverband der Saarindustrie, 1921.)

Monatliche Kaufkraft des Lohnes, gemessen an den Kosten für Lebensmittel, Heizungs- und Beleuchtungsstoffe sowie Miete einer fünfköpfigen Familie in Saarbrücken.

11. Weiterverarbeitende Eisenindustrie.

1920 Monat		Jan.	Febr.	März	April	Mai	Juni	Juli	Aug.	Sept.	Okt.	Nov.	Dez.
monatliche Kosten	Mark	—	636	694	750	868	896	1030	1052	1000	1074	1145	1219
Tarifverdienst d. ungelernten Arbeiters	absolut Mark	—	522	862	862	862	862	972	972	1126	1126	1126	1450
Tarifverdienst d. gelernten Arbeiters..	absolut Mark	—	672	1012	1012	1012	1012	1122	1122	1306	1306	1306	1670
Tarifverdienst d. ungelernten Arbeiters	relativ zu obigen Kosten %	—	82	124	115	99	96	94	92	113	105	98	119
Tarifverdienst d. gelernten Arbeiters..	relativ zu obigen Kosten %	—	106	146	135	117	113	109	107	131	122	114	137

1921 Monat		Jan.	Febr.	März	April	Mai	Juni	Juli	Aug.	Sept.	Okt.	Nov.	Dez.
monatliche Kosten	Mark	1128	1127	1095	1179	1036	1080	1242	1300	1302	1502	2209	—
Tarifverdienst d. ungelernten Arbeiters	absolut Mark	1450	1450	1450	1450	1450	1450	1450	1568	1568	2023	2360	—
Tarifverdienst d. gelernten Arbeiters..	absolut Mark	1670	1670	1670	1670	1670	1670	1670	1810	1810	2305	2660	—
Tarifverdienst d. ungelernten Arbeiters	relativ zu obigen Kosten %	129	129	132	123	140	134	117	121	120	135	107	—
Tarifverdienst d. gelernten Arbeiters..	relativ zu obigen Kosten %	148	148	153	142	161	155	134	139	139	153	120	—

12. Eisenhüttenindustrie.

1920 Monat		Jan.	Febr.	März	April	Mai	Juni	Juli	Aug.	Sept.	Okt.	Nov.	Dez.
monatliche Kosten	Mark	—	636	694	750	868	894	1030	1052	1000	1074	1145	1219
Tarifverdienst d. ungelernten Arbeiters	absolut Mark	—	555	880	880	880	880	990	990	1186	1186	1186	1667
Tarifverdienst d. gelernten Arbeiters..	absolut Mark	—	665	980	980	980	980	1090	1090	1310	1310	1310	1927
Tarifverdienst d. ungelernten Arbeiters	relativ zu obigen Kosten %	—	87	127	117	101	98	96	94	119	110	104	137
Tarifverdienst d. gelernten Arbeiters..	relativ zu obigen Kosten %	—	103	141	131	113	110	106	104	131	122	115	158

1921 Monat		Jan.	Febr.	März	April	Mai	Juni	Juli	Aug.	Sept.	Okt.	Nov.	Dez.
monatliche Kosten	Mark	1128	1127	1095	1179	1036	1080	1242	1300	1302	1502	2209	—
Tarifverdienst d. ungelernten Arbeiters	absolut Mark	1606	1684	1695	1764	1996	2077	2237	2364	2779	3755	5877	—
Tarifverdienst d. gelernten Arbeiters..	absolut Mark	1856	1947	1959	2039	2307	2402	2560	2678	3148	4254	6660	—
Tarifverdienst d. ungelernten Arbeiters	relativ zu obigen Kosten %	143	148	155	150	193	192	180	182	213	250	266	—
Tarifverdienst d. gelernten Arbeiters..	relativ zu obigen Kosten %	165	172	188	173	223	222	206	206	242	283	301	—

Zahlenangaben zu Schaubild 3 zwischen Seite 48 und 49.

13. Indexziffern der Lebenshaltungskosten der Stadt Saarbrücken.

Nach dem System des Statistischen Reichsamtes in Franken berechnet.
Juli 1914 = 100.

	Ohne Bekleidung						Gesamtlebenshaltung		
	1920	1921	1922	1923	1924	1925	1925	1926	1927
Januar	105	242	133	123	311	345	414,0	491,4	637,6
Februar	75	223	132	181	318	351	414,3	495,8	629,7
März	97	205	120	215	347	361	416,7	504,3	616,6
April	166	221	127	216	349	373	417,4	518,5	609,0
Mai	237	184	136	212	324	365	408,3	551,4	599,5
Juni	260	174	141	230	334	380	421,5	573,7	608,4
Juli	269	186	128	260	332	411	455,3	616,2	603,6
August	254	176	90	264	321	392	450,3	651,2	584,3
September	215	154	120	284	315	375	444,4	659,5	587,2
Oktober	198	116	108	275	329	376	447,5	688,9	.
November	211	102	117	279	334	386	461,6	678,5	.
Dezember	228	140	148	287	339	396	477,5	652,9	.

14. Pariser Dollarkurse.

Monatsmittelkurse.

	1921	1922	1923	1924	1925	1926	1927
Januar	—	12,26	15,02	21,39	18,53	26,49	25,26
Februar	—	11,55	16,32	22,67	18,95	27,22	25,49
März	14,18	11,03	15,94	21,72	19,30	27,96	25,55
April	13,96	10,86	15,08	16,41	19,28	29,54	25,53
Mai	11,88	10,95	15,10	17,33	19,38	31,83	25,53
Juni	12,35	11,52	15,90	19,09	21,00	34,14	25,54
Juli	12,78	12,11	16,98	19,55	21,28	40,78	25,55
August	12,91	12,68	17,69	18,43	21,33	35,36	25,52
September	13,64	13,04	17,17	18,88	21,31	34,99	25,50
Oktober	13,79	13,56	16,81	19,13	22,57	34,10	25,47
November	13,93	14,61	18,61	18,95	25,31	29,10	.
Dezember	12,81	13,86	18,91	18,47	26,69	25,33	.

Zahlenangaben zu Schaubild 4 Seite 48.

15. Kleinhandelsindexziffern für 72 Waren
nach der Methode der Stadt Straßburg für Saargebiet und Straßburg.

	1924		1925		1926		1927	
	Straßburg	Saargebiet	Straßburg	Saargebiet	Straßburg	Saargebiet	Straßburg	Saargebiet
Januar	415	432	435	467	501	542	611	642
Februar	425	438	434	463	503	544	602	626
März	445	453	440	461	517	551	602	616
April	433	433	443	465	520	566	607	609
Mai	422	417	440	452	533	581	600	605
Juni	431	431	455	456	575	600	608	618
Juli	412	429	453	491	587	641	.	.
August	426	435	466	498	635	676	.	.
September	423	436	472	520	637	694	.	.
Oktober	430	453	478	521	645	703	.	.
November	434	462	482	531	643	688	.	.
Dezember	430	462	495	536	619	659	.	.

Zahlenangaben zu Schaubild 5 Seite 48.

16. Reichsindexziffern
nach der erweiterten Methode des Statistischen Reichsamtes,
gleichzeitig Goldindex
Gesamtlebenshaltung einer fünfköpfigen Familie.

	1925	1926	1927
Januar	—	139,8	144,6
Februar	135,6	138,8	145,6
März	136,0	138,8	144,9
April	136,7	139,6	146,4
Mai	135,6	139,9	146,5
Juni	138,3	140,5	147,7
Juli	143,3	142,4	150,0
August	145,0	142,5	146,6
September	144,9	142,0	147,1
Oktober	143,5	142,2	150,2
November	141,4	143,6	.
Dezember	141,2	144,3	.

17. Goldindexziffern der Stadt Saarbrücken

nach der erweiterten Methode des Statistischen Reichsamtes über dem Dollar berechnet.

	1925	1926	1927
Januar	115,5	96,09	130,74
Februar	113,3	94,37	127,96
März	111,9	93,42	125,01
April	112,2	90,89	123,57
Mai	109,1	89,34	121,64
Juni	103,6	84,04	123,44
Juli	110,8	78,27	122,37
August	109,5	95,39	118,60
September	108,5	97,63	119,28
Oktober	102,9	104,65	119,19
November	94,7	120,78	.
Dezember	92,7	133,52	.

Zahlenangaben zu Schaubild 6 Seite 57.

18. Bergarbeiterlöhne.

(Aus Dr. rer. pol. Quirin, Saarbergbau und Saarbergmann. Festnummer der Saarbrückener Landeszeitung vom 28. Juni 1926.)

In der Zeit	Leistungs- und Soziallohn			
	Vollhauer im Gedinge		Arbeiter über Tage Durchschnitt	
	Franken	Goldmark	Franken	Goldmark
1921				
1. Vierteljahr	25,77	7,35	21,25	5,88
2. ,,	21,83	7,14	18,02	5,90
3. ,,	21,89	6,90	17,93	5,66
4. ,,	20,63	6,37	17,00	5,25
1922				
1. Vierteljahr	18,81	6,74	15,49	5,55
2. ,,	18,75	7,01	15,55	5,82
3. ,,	18,70	6,17	15,62	5,15
4. ,,	18,74	5,59	15,56	4,64
1923				
1. Vierteljahr	19,40	5,13	16,31	4,31
2. ,,	23,36	6,34	19,41	5,26
3. ,,	24,92	5,83	20,74	5,06
4. ,,	26,59	6,12	22,07	5,08
1924				
1. Vierteljahr	28,71	5,46	23,87	4,54
2. ,,	28,94	6,86	24,34	5,77
3. ,,	29,29	6,42	24,56	5,36
4. ,,	29,27	6,43	24,71	5,43
1925				
1. Vierteljahr	30,96	6,78	26,31	5,40
2. ,,	30,78	6,43	26,31	5,52
3. ,,	31,86	6,21	27,25	5,31
4. ,,	32,02	5,36	27,49	4,52

19. Roheisenerzeugung des Saargebiets [1]).

1913: Jahresproduktion 1 370 980 t. Monatsdurchschnitt 114 248 t.

	1920	1921	1922	1923	1924	1925	1926	1927
Januar	81 034	89 092	86 509	112 695	115 953	122 835	130 405	147 130
Februar	97 874	82 172	79 356	53 547[2])	118 062	112 017	118 356	135 422
März	72 492	94 069	90 790	27 194	134 626	128 609	133 696	150 489
April	66 087	94 795	89 964	28 330	127 223	123 271	128 801	141 913
Mai	70 016	95 116	95 125	35 180	118 765	124 172	132 814	155 810
Juni	71 139	90 087	92 289	84 298	107 315	119 619	133 466	149 099
Juli	59 911	102 786	102 165	104 832	112 864	99 947	139 592	149 579
August	85 944	107 191	105 782	110 055	123 535	116 382	137 602	155 125
September	95 173	84 568	102 345	108 979	101 004	123 286	137 389	.
Oktober	93 387	94 235	104 496	114 429	99 025	129 664	143 317	.
November	93 386	101 821	103 760	121 625	105 948	125 401	139 481	.
Dezember	85 964	113 478	103 969	120 227	124 797	124 797	149 783	.
Insgesamt	972 407	1 149 410	1 156 550	1 021 391	1 399 117	1 449 700	1 624 702	.

[1]) Für 1920—1924 nach den Angaben des Statistischen Amtes der Regierungskommission, für 1925—1927 nach der Statistik der Fachgruppen der eisenschaffenden Industrie des Saargebiets.

[2]) 100 Tage Bergarbeiterstreik.

20. Rohstahlerzeugung des Saargebiets [1]).

1913: Jahresproduktion 2 079 825 t. Monatsdurchschnitt 173 319 t.

	1920	1921	1922	1923	1924	1925	1926	1927
Januar	46 000	68 811	99 624	111 910	116 779	138 228	137 228	156 255
Februar	54 576	70 492	93 434	47 213[2])	114 213	124 927	123 671	150 120
März	48 112	73 073	109 337	17 704	138 412	138 556	153 196	168 469
April	49 305	77 897	87 679	31 468	128 005	137 004	140 442	149 440
Mai	47 050	65 826	103 127	36 435	123 695	134 730	136 522	160 079
Juni	47 289	69 238	98 797	87 807	104 099	130 969	136 896	156 237
Juli	35 685	81 730	106 912	105 143	117 880	111 965	150 411	154 859
August	52 561	82 109	114 389	112 298	128 796	123 745	146 164	166 362
September	72 204	65 196	111 169	108 583	114 250	139 796	150 366	.
Oktober	76 369	81 839	118 406	117 404	110 273	139 513	152 757	.
November	74 008	86 729	111 418	109 417	111 846	130 862	150 990	.
Dezember	72 091	97 112	107 746	110 484	138 292	128 465	158 119	.
Insgesamt	675 050	920 052	1 262 038	996 821	1 446 540	1 578 760	1 736 762	.

[1]) Für 1920—1924 nach den Angaben des Statistischen Amtes der Regierungskommission, für 1925—1927 nach der Statistik der Fachgruppen der eisenschaffenden Industrie des Saargebiets.

[2]) 100 Tage Bergarbeiterstreik.

21. Roheisenerzeugung der Mitglieder der Europäischen Rohstahlgemeinschaft[1]).

	Deutschland	Saargebiet	Frankreich	Luxemburg	Belgien
1913	16 761 311	1 370 980	5 207 000	2 547 861	2 484 690
1919	6 283 873	631 065	2 447 000	617 422	251 000
1920	7 043 617	972 407	3 344 000	692 935	1 116 000
1921	7 845 346	1 149 410	3 447 000	970 336	872 000
1922	9 395 670	1 156 550	5 277 000	1 679 318	1 613 000
1923	4 936 340	1 021 391	5 431 000	1 406 666	2 147 950
1924	7 812 231	1 389 117	7 693 018	2 157 170	2 843 920
1925	10 176 699	1 453 056	8 471 800	2 363 253	2 541 730
1926	9 643 519	1 638 051	9 392 917	2 511 561	3 399 260

22. Rohstahlerzeugung der Mitglieder der Europäischen Rohstahlgemeinschaft[1]).

	Deutschland	Saargebiet	Frankreich	Luxemburg	Belgien
1913	17 598 826	2 079 825	4 687 000	1 336 263	2 466 630
1919	7 847 356	715 261	2 156 000	366 231	334 000
1920	9 277 882	675 050	2 706 000	669 545	1 253 000
1921	9 996 538	920 052	3 099 000	750 974	764 000
1922	11 714 302	1 262 038	4 538 000	1 387 902	1 565 000
1923	6 305 250	996 821	5 109 517	1 193 471	2 296 890
1924	9 835 255	1 446 540	6 900 310	1 880 800	2 875 030
1925	12 194 501[2])	1 574 687	7 415 072	2 080 264	2 410 590
1926	12 341 636[3])	1 734 161	8 386 249	2 243 722	3 196 850

[1]) Saarwirtschaftszeitung vom 19. Februar 1927.
[2]) Davon geschätzt 105 952.
[3]) Davon geschätzt 92 790.

23. Förderung der Saargruben.

1913: Gesamtförderung 13 216 309 t. Monatsdurchschnitt 1 101 400 t.

	1920	1921	1922	1923	1924	1925	1926	1927
Januar	727 465	817 910	864 210	1 052 354	1 165 904	1 220 094	1 112 658	1 192 153
Februar	743 063	671 276	888 184	129 917[1])	1 158 332	1 127 448	1 102 072	1 211 312
März	839 874	647 808	1 042 866	39 236	1 243 991	1 239 901	1 266 877	1 288 813[3])
April	734 665	292 683	798 573	63 745	1 124 338	1 101 137	1 072 235	1 041 518[3])
Mai	709 766	757 492	846 862	377 686	1 171 770	1 086 759	1 054 730	1 085 380[3])
Juni	763 616	850 209	864 906	1 025 216	1 047 304	1 031 262	1 094 252	1 071 305[3])
Juli	860 048	890 152	988 242	1 096 959	1 261 836	580 858[2])	1 191 188	1 106 417[3])
August	702 680	930 741	1 019 215	1 112 399	1 213 395	1 028 659	1 135 050	1 120 116[3])
September	811 310	903 698	984 636	1 088 865	1 168 370	1 137 653	1 126 190	1 112 703[3])
Oktober	846 639	749 554	1 011 812	1 172 513	1 237 690	1 224 971	1 168 813	.
November	798 093	734 583	952 685	1 076 587	1 065 557	1 089 457	1 124 958	.
Dezember	873 224	928 496	977 712	956 298	1 173 631	1 121 650	1 231 851	.
Insgesamt	9 410 433	9 574 602	11 240 003	9 192 275	14 032 118	12 989 849	13 680 874	.

[1]) 100 Tage Streik. [2]) Streik und Feierschichten. [3]) Feierschichten.

24. Haldenbestände der Saargruben.

	1920	1921	1922	1923	1924	1925	1926	1927
Januar ..	54 068	197 003	616 022	136 458	239 381	173 262	106 904	74 227
Februar .	67 874	247 237	561 722	65 038	256 719	140 875	91 381	133 105
März	84 180	330 945	637 337	34 089	261 218	161 901	145 730	333 383
April	90 878	469 764	657 134	40 745	186 582	192 268	135 735	411 201
Mai	81 446	427 656	628 544	43 577	129 033	191 819	109 885	448 573
Juni	82 398	278 564	622 782	69 827	85 900	197 200	84 031	507 523
Juli	93 985	242 445	587 265	157 033	105 645	171 967	80 169	538 346
August ..	126 183	425 579	544 797	156 174	124 871	153 442	71 820	550 675
Sept. ...	93 550	608 126	469 721	151 396	126 018	138 001	63 953	567 214
Oktober .	94 013	670 190	403 336	198 442	153 538	130 208	85 706	.
Nov.	88 002	697 755	321 163	250 586	122 139	128 882	70 666	.
Dez.	165 195	688 272	218 004	234 444	127 429	122 061	68 078	.

Zahlenangabe zu Schaubild 7, Seite 88.

25. Neue Konkurse im Deutschen Reich (ohne Saargebiet).

Jahr	Eröffnete Verfahren	Anträge mangels Masse abgelehnt	Zusammen	Jahr	Eröffnete Verfahren	Anträge mangels Masse abgelehnt	Zusammen
1919 I	276	240	516	1923 III	36	44	80
II	266	308	574	IV	40	46	80
III	232	231	436	1924 I	148	103	251
IV	245	226	471	II	1 253	259	1 512
1920 I	207	222	429	III	2 814	763	3 577
II	252	183	435	IV	1 972	722	2 696
III	409	155	564	1925 I	2 270	885	3 155
IV	405	246	696	II	2 250	788	3 038
1921 I	744	247	991	III	2 548	794	3 342
II	885	291	1 176	IV	4 312	958	5 270
III	871	240	1 111	1926 I	5 577	1 370	5 947[1])
IV	575	281	851	II	3 176	998	4 174[1])
1922 I	412	232	644	III	1 669	761	2 430[1])
II	288	197	485	IV	1 419	628	2 047[1])
III	166	171	337	1927 I	1 566	610	2 176[1])
IV	118	117	235	II	.	.	.
1923 I	86	72	158	III	.	.	.
II	108	65	173	IV	.	.	.

[1]) Vorläufige Mitteilungen.

26. Konkursverfahren bei dem Amtsgericht Saarbrücken-Stadt und Land.

Jahr	Eröffnete Verfahren	Anträge mangels Masse abgelehnt	Zusammen	Jahr	Eröffnete Verfahren	Anträge mangels Masse abgelehnt	Zusammen
1919 I	1	1	2	1923 III	—	1	1
II	1	—	1	IV	1	—	1
III	—	—	—	1924 I	1	1	2
IV	1	—	1	II	4	5	9
1920 I	3	—	3	III	3	5	8
II	—	—	—	IV	6	6	12
III	3	3	6	1925 I	6	6	12
IV	2	—	2	II	6	1	7
1921 I	1	—	1	III	10	4	14
II	3	5	8	IV	14	10	24
III	2	—	2	1926 I	15	6	21
IV	2	—	2	II	7	—	7
1922 I	—	—	—	III	9	7	16
II	—	2	2	IV	3	6	9
III	—	—	—	1927 I	12	10	22
IV	4	2	6	II	12	7	19
1923 I	—	—	—	III	6	3	9
II	—	—	—	IV	.	.	.

Zahlenangaben zu Schaubild 7, Seite 89.

27. Neueintragungen und Löschungen von Firmen im Saargebiet[1]).

	Neueintragungen							Löschungen							
Jahr	Einzelfirmen	O. H.	Kom. Ges.	G. m. b. H.	A. G.	Gen.-schaft	Zus.	Jahr	Einzelfirmen	O. H.	Kom. Ges.	G. m. b. H.	A.-G.	Gen.-schaft	Zus.
1911	75	28	1	22	2	5	133	1911	41	13	—	2	1	1	58
1912	65	19	1	19	4	19	127	1912	36	17	—	7	—	1	61
1913	58	21	—	26	—	10	115	1913	40	24	1	6	2	2	75
1919	208	109	3	103	15	5	443	1919	34	11	1	10	1	—	57
1920	297	102	5	126	13	24	567	1920	114	28	—	16	1	4	163
1921	164	66	1	171	17	19	405	1921	70	34	—	20	2	4	130
1922	170	113	11	136	46	31	507	1922	75	42	4	37	4	1	163
1923	161	121	10	225	88	11	616	1923	84	46	2	48	3	3	186
1924	180	98	9	155	57	13	512	1924	75	65	2	68	15	19	244
1925	115	63	7	115	9	18	327	1925	231	99	2	116	13	39	500
1926	130	59	8	134	12	16	359	1926	120	76	8	85	10	22	321
1927 (bis 14. 11.)	74	30	3	31	1	13	152	1927 (bis 14. 11.)	91	34	2	62	6	10	205

Zu- bzw. Abnahme der Firmen.

1911	+ 75	1920	+ 404	1924	+ 268
1912	+ 66	1921	+ 275	1925	— 173
1913	+ 40	1922	+ 344	1926	+ 38
1919	+ 386	1923	+ 430	1927 (bis 14. 11.)	— 53

[1]) Nach „Saarwirtschaftsstatistik", Heft 1.

Die Not der Zeit hat die meisten deutschen Sammlungen von staats- und sozialwissenschaftlichen Abhandlungen zum Erliegen gebracht. Den Fachzeitschriften fehlt der Raum für größere Untersuchungen. In der Erkenntnis, daß nur eine Zusammenfassung der Kräfte Abhilfe schaffen könne, haben deshalb die sozialwissenschaftlichen Forscher Deutschlands die Herausgabe einer gemeinschaftlichen Sammlung beschlossen und eine Arbeitsgemeinschaft begründet, welche die sorgfältige Auslese der zu veröffentlichenden Abhandlungen sicherstellt. In dankenswerter Weise hat der Verlag Walter de Gruyter & Co. auf jeden Gewinn aus den »Sozialwissenschaftlichen Forschungen« verzichtet und leistet die Notgemeinschaft der deutschen Wissenschaft Zuschüsse zu den Herstellungskosten

Mit wenigen Ausnahmen sind alle Lehrer der Staats- und Sozialwissenschaften an den deutschen Universitäten, landwirtschaftlichen, technischen und Handelshochschulen und eine Anzahl Privatgelehrter der Arbeitsgemeinschaft beigetreten. Sie gliedert sich ebenso wie die »Sozialwissenschaftlichen Forschungen« bis auf weiteres in 5 Abteilungen. Der von den Fachgenossen gewählte Abteilungsvorsteher oder sein Stellvertreter entscheidet über die Annahme der eingereichten Arbeiten und trägt die Verantwortung als Herausgeber. Die Abteilungen und ihre Vorsteher sind die folgenden:

I. Allgemeine Nationalökonomie (mit Einschluß des Bevölkerungswesens), Soziologie, allgemeine Sozialpolitik, allgemeine Probleme der Statistik, der Wirtschaftsgeschichte und -geographie.

Professor **Diehl**-Freiburg,
" **Alfred Weber**-Heidelberg,
" **v. Zwiedineck-Südenhorst**-München.

II. Agrar- und Siedlungswesen (auch Forstwesen, Jagd, Fischerei) mit Einschluß der nationalökonomischen Probleme der landwirtschaftlichen Betriebslehre.

Professor **Sering**-Berlin,
" **Skalweit**-Kiel,
Dr. **Keup**-Berlin.

III. Gewerbe (Bergbau, Industrie, Handwerk) mit Einschluß der gewerblichen Sozialpolitik.

Professor **Herkner**-Berlin,
" **Adolf Weber**-München,
" **Heyde**-Berlin und Kiel.

IV. Handel und Verkehr, Bank- und Börsenwesen, Versicherungswesen, auswärtige Wirtschaftspolitik.

Professor **Eckert**-Köln,
" **Prion**-Berlin,
" **Erwin v. Beckerath**-Köln.

V. Finanzwissenschaft.

Professor **v. Eheberg**-Erlangen,
" **Terhalle**-Hamburg,
Landesfinanzamtspräsident **Dr. Schwarz**-Magdeburg.

Berlin und Breslau im Oktober 1922.

Das Präsidium der sozialwissenschaftlichen Arbeitsgemeinschaft

Sering. Herkner. Hesse.

Verzeichnisse der erschienenen Hefte von der Verlagsbuchhandlung kostenlos

Kolibri 360 GmbH
Ferdinand-Jühlke-Straße 7
99095 Erfurt, Deutschland
produktsicherheit@kolibri360.de